Annika Blic

Pädagogische Reform im Horizont der Globalisierung

KULTUR UND BILDUNG

BAND 7

Herausgegeben von

Ralf Koerrenz

Annika Blichmann, Ralf Koerrenz (Hg.)

Pädagogische Reform im Horizont der Globalisierung

Ferdinand Schöningh

Bibliografische Information der Deutschen Nationalbibliothek

Die Deutsche Nationalbibliothek verzeichnet diese Publikation in der Deutschen Nationalbibliografie; detaillierte bibliografische Daten sind im Internet über http://dnb.d-nb.de abrufbar.

© 2014 Ferdinand Schöningh, Paderborn
(Verlag Ferdinand Schöningh GmbH & Co. KG, Jühenplatz 1, D-33098 Paderborn)

Internet: www.schoeningh.de

Einbandgestaltung: Anna Braungart, Tübingen
Printed in Germany
Herstellung: Ferdinand Schöningh GmbH & Co. KG, Paderborn

ISBN 978-3-506-77253-4

Inhaltsverzeichnis

RALF KOERRENZ/ANNIKA BLICHMANN

Pädagogische Reform im Horizont der Globalisierung.
Einleitende Perspektiven

Die „ästhetische Darstellung der Welt" ist das „Hauptgeschäft der Erziehung" – diese These hatte Johann Friedrich Herbart in seiner gleichnamigen Frühschrift aus dem Jahre 1804 aufgestellt. Der Gedanke ist gleichermaßen weitreichend und vielschichtig. Dies wird alleine an den Möglichkeiten deutlich, mit denen die zentralen Stichworte interpretiert werden können. Dass es um *Darstellung* und nicht beispielsweise um Belehrung oder gar Indoktrination geht, ist ein mit Blick auf die Lernenden bedeutsamer Aspekt – dennoch umstritten. Was es genau heißt, die Welt *ästhetisch* darzustellen, wäre ein weiterer zentraler Gesichtspunkt, der einer näheren Bestimmung bedürfte. Im vorliegenden Kontext ist jedoch die Erinnerung daran, dass es in der Erziehung um *Welt*, um *„die" Welt*, geht, der wichtigste Punkt. An die Klärung dieses Stichworts soll angeknüpft werden.

Zu den zentralen Aufgaben pädagogischen Handelns gehört es demnach, den einzelnen Menschen auf seine letztlich je individuelle Wahrnehmung der Welt vorzubereiten. Anknüpfen werden pädagogische Theorie und Praxis beim Nachdenken über diesen Weltbezug dabei an die Wahrnehmungsmuster, die ein Individuum in die Betrachtung von und den Umgang mit Welt einträgt. Bei den Lernenden geht es – wie Herbart in seiner „Allgemeinen Pädagogik" aus dem Jahre 1806 formulieren wird – in diesem Sinne um die Beförderung von Moralität, die sich in einer reflektierten Weltwahrnehmung und einem verantwortungsvollen Weltumgang ausdrückt. Der Aufbau einer „Vielseitigkeit des Interesses" und die Anbahnung einer „Charakterstärke der Sittlichkeit" sind die zwei Seiten der einen großen pädagogischen Gestaltungsaufgabe: Moralität. Diese aber bewährt sich im Weltumgang. Der Horizont von Welt bildet somit letztlich den Kontext, in dem alle Individuen sich zurechtfinden müssen. Mit diesem und in diesem Horizont von Welt müssen sich die Einzelnen orientieren lernen. Der Horizont stellt insofern für alle Pädagogik eine Referenzgröße dar, ohne deren nähere Bestimmung alles pädagogische Denken und Handeln letztlich unvollständig, weil ziellos bleibt.

Dieser Horizont kann unterschiedlich bestimmt werden. Vom Individuum aus betrachtet ist es offensichtlich, dass verschiedene Arten von „Welt" unterschieden werden müssen. Will man es typologisch zuspitzen, so können wir sagen: Es gibt die „Welt" des je eigenen unmittelbaren Lebenskontextes am einen Ende der Skala und so etwas wie ein Wissen von „der" Welt als Ganzer an dem anderen Ende. Dazwischen finden sich zahlreiche Möglichkeiten von Horizonten, deren Bestimmung aufgrund sehr unterschiedlicher Kriterien (Arbeitswelt, Freundeskreis, Reisen, Hobbys, politische oder religiöse Verbundenheiten etc.) möglich ist.

Im vorliegenden Kontext geht es um den entferntesten und abstraktesten Horizont: „die" Welt als Ganzes. Historisch betrachtet wurde dieser Wahrnehmungshorizont in voraufklärerischen Kontexten in der Regel im Sinne einer Weltanschauung (wie z. B. im europäischen Kontext vor allem der christlichen Religion) ausdefiniert. Dies hatte auch entlastende Aspekte, mussten sich die Einzelnen trotz aller Fragen, die sie vielleicht hatten, nicht selbst um eine umfassende Sinnstiftung der eigenen Existenz kümmern. „Welt" war zunächst und vor allem eine kollektive Vorgabe. Die Einzelnen wurden in die Interpretation eines Welthorizontes aufgrund einer als sozial verbindlich angesehenen religiösen Alltagsrahmung verwoben. Mit der Aufklärung hat sich diese Selbstverständlichkeit über die letzten Jahrhunderte hinweg schrittweise aufgelöst, wobei natürlich auch heute noch eine religiöse Weltdeutung *eine* Möglichkeit (aber eben nur eine) neben anderen darstellt. Zwei Sachverhalte haben sich jedoch vor allem gewandelt. Zum einen gibt es eine sehr viel breitere Palette an Deutungsmöglichkeiten, zwischen denen die Einzelnen ihre Wahl treffen können, der eigenen Existenz so etwas wie Sinn zuzuschreiben. Und zum anderen sind die Einzelnen – trotz aller kollektiven Bindungen – als Einzelne, als Individuen, vor eine solche Sinnstiftungswahl gestellt. Diese Konstellation verschärft sich durch den Horizont, der den Einzelnen vor allem durch die Entwicklung der Kommunikationsmedien und der Mobilitätsmöglichkeiten in den Gesellschaften sogenannter westlicher Prägung zur Verfügung steht.

Heute kann dieser Horizont, zu dem das Individuum sich mit Blick auf „die" Welt verhalten muss, nicht anders als „global" gekennzeichnet werden. Der Horizont, dem das Individuum mit Blick auf „die" Welt ausgesetzt ist, wird mit Signaturen wie „Globalisierung", „globalisierte Welt" oder auch „Weltgesellschaft" zu erfassen versucht. Bei aller Unschärfe von Begriff und Sache ist *Globalisierung* somit eine wesentliche Dimension, durch die letztlich auch Erziehung und Bildung, Lehren und Lernen mitbestimmt sind. Die Dynamik der Globalisierung setzt pädagogisches Denken und Handeln in einer neuen Qualität unter Druck, das Weltverhältnis und Weltverständnis des Einzelnen auf die Herausforderungen der Gegenwart abzustimmen. Der globale Horizont nötigt insbesondere dazu, die Möglichkeiten und Grenzen der Pädagogik angesichts der mit Globalität verbundenen Komplexität und Kontingenz immer wieder neu auszuloten. Bei aller Vermittlung von „Welt" muss es dabei immer auch um eine Befähigung der Menschen gehen, mit „Welt" umzugehen, sie zu deuten, sich in ihr zu orientieren und zuweilen auch darum, sie schlicht auszuhalten.

Der vorliegende Band „Pädagogische Reform im Horizont der Globalisierung" knüpft in diesem Sinn an die vielfältigen, bereits seit rund drei Jahrzehnten etablierten Bemühungen um das Verständnis „Globaler Bildung" bzw. von „Bildung in der Weltgesellschaft" an. Er tut dies, indem er neben der Aufnahme zentraler Motive der vorliegenden grundlagentheoretischen und didaktischen Modelle globaler Bildung einen bestimmten Gesichtspunkt stärker zu akzentuieren versucht: die anthropologisch-pädagogische Dimension von Erziehung und Bildung. Dies geschieht, indem die genannten Diskussionsstränge mit Aspekten der pädagogischen Reform, der sogenannten „Reformpädagogik", verknüpft werden. Das zentrale und verbindende Anliegen pädagogischer Reform wird dabei in einer Orientierung an den Lernenden, deren Voraussetzungen und „Horizonten", gesehen. Diese spezielle anthropologische Ausrichtung ist der systematische Kern der so verstandenen Reformpädagogik, die gleichzeitig im 20. Jahrhundert jedoch auch eigene Netzwerke und Erziehungs- bzw. Bildungsmodelle im globalen Horizont entwickelt hatte. Hierzu gehört neben Institutionen wie dem „Weltbund für Erneuerung der Erziehung" beispielsweise die reformorientierte Ausarbeitung von pädagogischen Praxismodellen, für die im vorliegenden Band exemplarisch das weltweit rezipierte Werk von Paulo Freire steht.

Eröffnet wird der Band mit Überlegungen von *Ralf Koerrenz* zu „Bildung als Reflexion und Gestaltung von Vorurteilen". Dabei geht es unter Bezugnahme auf die philosophische Hermeneutik Hans-Georg Gadamers um den Zusammenhang von „Globaler Bildung und der Welt im Kopf". Der Schlüssel für die Kopplung des Welthorizonts an das Lernen im Lebenslauf spiegelt sich in der leitenden These: „Bildung ist die Ausbildung hermeneutischer Kompetenz und die (Selbst)Reflexion der Bindungen und Möglichkeiten des eigenen Verstehens". An diesen Sachverhalt müsse das Nachdenken insofern anknüpfen, als der Umgang mit den letztlich unausweichlichen Vor-Urteilen, die jedes Individuum hat, als Selbstverständlichkeit einer kritischen Selbstreflexivität in der Auseinandersetzung mit Welt etabliert wird. In dieser Perspektive ist Hermeneutik dann weit mehr die Weltanschauung eines aufgeklärten Liberalismus als reine Methode. Das entscheidende Ziel von Bildung ist in dieser Hinsicht Selbstreflexivität als Voraussetzung dafür, die eigene perspektivische Gebundenheit der Weltwahrnehmung zu akzeptieren. In Konsequenz von Bildung als Prozess kritischer Selbstreflexivität wird das Recht anderer Perspektiven zum Bestandteil des eigenen Selbstbildes, sofern die anderen Perspektiven selbst über eine relative Weltoffenheit verfügen.

In dem folgenden Beitrag „Traditionen pädagogischer Reform in Globaler Bildung" stellt *Bernd Overwien* die Bildungskonzepte „Globales Lernen" und „Bildung für nachhaltige Entwicklung" (BNE) in den Mittelpunkt seiner Betrachtungen. In einem historischen Überblick widmet er sich zunächst einer Begriffsdefinition, um anschließend die Kernbereiche der Bildungsansätze näher zu bestimmen. Hierbei bezieht sich Overwien auf die Entwicklung einer weltgesellschaftlich fundierten Bildungstheorie durch Klaus Seitz ebenso wie auf die Diskussion zum Umgang mit der ständig wachsenden Komplexität der Lerngegenstände durch Annette Scheunpflug und Nikolaus Schröck. Der durch die Kultusministerkonferenz entwickelte Orientierungsrahmen für den Lernbereich globale Entwicklung stellt einen weiteren Schwerpunkt dar. Dieser greift auf die Traditionen des Globalen Lernens zurück und orientiert sich am Leitbild nachhaltiger Entwicklung. Im selben Zusammenhang verweist Overwien auf den Beutelsbacher Konsens und betrachtet die Vereinbarungen aus dem Bereich der politischen Bildung aus verschiedenen – teils kritischen – Blickwinkeln.

Anschließend stehen bei *Annika Blichmann* mit „Traditionen globaler Bildung in der Reformpädagogik" internationale pädagogische Verflechtungen im Fokus, wie sie beispielsweise durch den „Weltbund für Erneuerung der Erziehung" gefördert werden. Sie geht von einer kritischen Betrachtung der aktuellen Bildungsdebatten aus. Es folgt eine Reise in die Erziehungswissenschaft um 1900, in der die Pädagogik des Belgiers Ovide Decroly im Mittelpunkt steht. Anhand einiger ausgewählter Leitgedanken Decrolys werden exemplarische Verbindungen zu Maria Montessori, Peter Petersen und Célestin Freinet hergestellt, um die These der Entwicklung einer globalen Geistesbewegung zu entfalten. Diese Bewegung wird von Hermann Röhrs als das „Konzept einer pädagogischen Weltgesellschaft" beschrieben. Damals wie heute geht es hierbei durch den internationalen Austausch innerhalb der Gesellschaft um die Erneuerung des Menschen und seiner Form der Lebensgestaltung durch Erziehung und Bildung.

Ein Schwerpunkt des Bandes ist dem Werk des Brasilianers Paulo Freire und dessen Pädagogik der Befreiung gewidmet. *Dirk Oesselmann* betrachtet in „Pädagogik und gesellschaftliche Transformation – auf den Spuren Paulo Freires" das für den Pädagogen zentrale Motiv „Befreiung" in einem geschichtlich-gesellschaftlichen Kontext. Wie kein anderer in Lateinamerika habe Freire Bildung als aktives bürgerschaftliches Engagement und deren gesellschaftliches Veränderungspotential in Theorie und Praxis thematisiert. Sein vorrangiges Ziel sei es dabei gewesen, den Stimmlosen der brasilianischen Gesellschaft eine Stimme zu geben und dabei Demokratie als Grundansatz einer gerechten Gesellschaftsordnung zu proklamieren. Auf diese Weise habe Freire eine „Transformation von unten" gefordert, wobei die von ihm entwickelten Modelle auch heute noch wichtige Impulse für eine Bildung der Zukunft enthalten: Die Pädagogik der Befreiung habe sich von einem politisch motivierten Lernkonzept zu einem gesamtgesellschaftlichen Bildungsansatz entwickelt, in dem heute auch Schule und Hochschule eingeschlossen sind. In diesem Sinne formuliert Oesselmann „Bildung für die Zukunft" als Auftrag für die gegenwärtige Generation.

Von Brasilien geht es weiter nach Mali. *Alfred Schäfer* schildert in „Universalisierte Schule und traditionelles Selbst" seine „Beobachtungen zur Grundschulreform in Mali" aus dem Jahr 2000. Dazu geht er von verschiedenen Ansätzen eines Selbstverständnisses des Menschen in der Moderne aus, wobei er sich auf Weber, Hobbes, Locke, Kant, Foucault, Rousseau u. a. bezieht. Daran leitet er das westliche Verständnis des eigenen Selbst ab und stellt diesem Konzept traditionelle Subjektivierungsformen gegenüber. In diesem Kontext verbindet Schäfer Erziehungsphilosophie und Erziehungsethnologie, wobei er mit anschaulichen Beispielen aus den Bereichen Schule und soziales Leben jongliert und zugleich die Komplexität des modernen und traditionellen Selbstverständnisses aufzeigt. Schäfer exemplifiziert das traditionelle Selbstverständnis an seinen Beobachtungen in einem Dorf der Dogon (Mali) und stellt die rein funktionale Ebene des Sozialen und die damit einhergehende emotionale Distanz der Dorfbewohner dar. Der Unterschied zu dem normativen westlichen Denken ist unübersehbar, wobei insgesamt nicht das „Fremde", sondern das „Andere" zum Nachdenken anregen soll.

Der Verweis auf das „Andere" bildet eine Brücke zu den „Herausforderungen interreligiösen Lernens", wie sie *Henrik Simojoki* beschreibt. Das Unbekannte findet sich hier im Umgang mit verschiedenen Religionen im Unterricht wieder. Die „spannungsvolle Koexistenz mehrerer globalisierter Religionen", die in verschiedenen Konstellationen – neutral, positiv, aber auch negativ – aufeinandertreffen, führe zu der Aufgabe, den Religionsunterricht derart zu gestalten, dass junge Menschen die Fähigkeit erlangen, Angehörige anderer Religionen wertzuschätzen und ihnen gesprächsbereit zu begegnen. Ziel ist somit neben der Erzeugung von Aufmerksamkeit für die Vielfalt der Religionen im übergreifenden Horizont einer Weltgesellschaft auch eine multireligiöse und interreligiöse Kompetenz – und dies in einem Wechselspiel und einer gegenseitigen Durchdringung von Globalem und Lokalem. Exemplarisch demonstriert Simojoki dies an dem interreligiösen Projekt einer Berliner Schule, in dem sich Jugendliche über ein Jahr hinweg mit der christlichen, islamischen und jüdischen Religion auseinandersetzten. Das Zusammenspiel von Lokalem und Globalem wird abschließend durch eine Untersuchung zu den individuellen Symbolräumen von Jugendlichen mit Migrationshintergrund veranschaulicht.

Der Band schließt mit Reflektionen zu „Globalisierung als Herausforderung für die Politische Bildung" von *Michael May*. In der von ihm zunächst beleuchteten handlungstheoretischen Perspektive verdeutlicht May verschiedene Problemlagen der Globalisierung, durch die eine politische Integration des Nationalstaates bedroht ist, aber gleichzeitig diejenige der Weltgesellschaft verhindert wird. Er greift didaktische Ansätze auf, die diesen Problemen entgegenwirken und zur Formierung eines „eingriffsfähigen Bürgers" beitragen sollen. In einer systemischen Perspektive beschreibt May den Prozess der Ausweitung der weltweiten Kommunikation. May bezieht sich in seinen weiteren Ausführungen u. a. auf die pragmatische Lerntheorie von John Dewey, auf Lernaufgaben und Methoden sowie Herausforderungen an den Sozialkundelehrer. Dies veranschaulicht er mit einer Anzahl praxisnaher Beispiele.

Der vorliegende Band basiert auf einer Vorlesungsreihe im Sommersemester 2013 am Institut für Bildung und Kultur der Friedrich-Schiller-Universität Jena. Die Vorträge fanden im Rahmen des Landesgraduiertenkollegs „Protestantische Bildungstraditionen in Mitteldeutschland" statt. Anthropologische Deutungsmuster in dieser protestantischen Tradition haben Theorie und Praxis des Lehrens und Lernens nachhaltig beeinflusst. Zwei der vielleicht markantesten Konzepte, in denen sich der protestantische Einfluss niedergeschlagen hat, waren die normative Konzeption einer „Pädagogik vom Kinde aus" und das Modell „Bildung". Denn „Bildung" wurde in ihrer, maßgeblich auch von protestantischen Denkern konzipierten Ausgangsbestimmung weitgehend als Form der reflexiven Auseinandersetzung des Individuums mit „der" Welt verstanden. Gerade im Licht der protestantischen Bildungstraditionen stellt insofern die pädagogische Reform im Horizont der Globalisierung eine zentrale Herausforderung in der Gegenwart des 21. Jahrhunderts dar.

RALF KOERRENZ

Bildung als Reflexion und Gestaltung von Vorurteilen.
Globale Bildung und die Welt im Kopf

Bildung als Hermeneutik – Hermeneutik als Bildung

Ein Mensch ist von klein auf in Geschichte und in die in ihr entstandenen und entstehenden Geschichten verwoben.[1] Sprache ist zugleich Ausdruck und Medium dieses Eingebundenseins des Ich in seine Mit-Welt.[2] Eine Flucht aus der Geschichte der Geschichten ist unmöglich, so verächtlich Vergangenes und Zukünftiges betrachtet werden und ganz pragmatisch der je einfallende Augenblick „empirisch" verehrt werden mag. Der Mensch ist ein verstehendes, kein empirisch feststellendes Wesen. Verstehen ist seine Möglichkeit und Chance, zugleich aber auch seine Grenze. Verstehen aber wird eröffnet durch die Verschmelzung der Horizonte von Ich und Welt. Was aber „Welt" bedeutet, kann heute nur noch unter Einbezug des „Globalen" umschrieben werden. Geschichte und Geschichten heute stehen im Horizont der Globalisierung.[3] So klein das eigene Ich angesichts der Komplexität von Welt von den einen auch empfunden werden mag, so großräumig das eigene Stre-

---

[1] Vgl. Schapp, Wilhelm: In Geschichten verstrickt. Zum Sein von Mensch und Ding. Wiesbaden 1976, 2. Aufl.

[2] Vgl. a. a. O., S. 6 ff.; Von Martin Heidegger stammt das diesen Sachverhalt umfassende Bild von der Sprache als dem „Haus des Seins. In ihrer Behausung wohnt der Mensch." (Heidegger, Martin: Platons Lehre von der Wahrheit. Mit einem Brief über den „Humanismus". Bern 1947, S. 53).

[3] „Globalisierung" ist ein in sich vielschichtiges Symbol, das die Alltagswahrnehmung und den Horizont von Kulturvorstellungen gleichermaßen prägt. Dieser an sich banale Sachverhalt kann in verschiedene Fragen übersetzt werden. Auf der einen Seite kann gefragt werden: Was bedeutet Globalisierung für ein zeitgemäßes Verständnis von Kultur? Und anders herum: Inwieweit ergibt sich auf dem Hintergrund bestimmter kultureller Prägungen eine besondere Sichtweise auf Globalisierung? Schließlich: Wie wird das Verständnis von Globalität in der Gestaltung von Kultur praktisch? Die in verschiedenen Konzepten etablierte Formel „Globale Bildung" verweist auf einen maßgeblichen Punkt, in dem Theorie und Praxis sich begegnen: Bildung als selbstverantwortete Gestaltung des Lebenslaufs im Horizont der Weltgesellschaft. In letzter Konsequenz ist „Bildung" ein anthropologisches Modell, bei dem mit Blick auf das Individuum und dessen Freiheit zur je eigenen Gestaltung des Lebenslaufs zu fragen ist, vor welchen Herausforderungen der Mensch angesichts von Globalisierung in Weltwahrnehmung und persönlicher Biographie steht. In solch einem gleichermaßen kulturbasierten und anthropologisch fundierten Verständnis von Bildung treffen die „Subjektseite" von Globalisierung und die verschiedenen „objektiven" Dimensionen von Globalisierung – von Handelsbeziehungen bis hin zur Popkultur – als Bausteine der Gestaltung des Lebenslaufs im Kopf des Individuums aufeinander. Zu berücksichtigen ist dabei als Hintergrund, dass „Bildung" – terminologisch und sachlich ernstgenommen – ein Modell ist, das eng mit dem deutschsprachigen Kulturdenken verbunden ist. Aus der vielfältigen Literatur zum Verständnis von Globalisierung seien exemplarisch als deutschsprachige Hinführungen genannt: Fäßler, Peter E.: Globalisierung. Köln 2007; Wendt, Reinhardt: Vom Kolonialismus zur Globalisierung. Europa und die Welt seit 1500. Paderborn 2007; Scherrer, Christoph/Kunze, Caren: Globalisierung. Göttingen 2011; Rehbein, Boike/Schwengel, Hermann: Theorien der Globalisierung. Konstanz 2008; Brock, Ditmar: Globalisierung. Wirtschaft – Politik – Kultur – Gesellschaft. Wiesbaden 2008.

ben nach Welt-aneignung von den anderen auch selbst-bewusst angelegt wird – der massenmedial zugängliche und vermittelte Horizont von Welt ist für alle Menschen zumindest ähnlich, wenn nicht gar potentiell gleich. „Globalisierung" ist heute der Horizont, zu dem das Individuum sich mit Blick auf die Welt verhalten muss. Bei aller Unschärfe von Begriff und Sache ist dabei das Globale nicht nur eine wesentliche Dimension, durch die das Verständnis von Erziehung und Bildung, Lehren und Lernen mitbestimmt ist. Vielmehr konstituieren pädagogische Prozesse, allen voran „Bildung", erst das, was zwischen den Menschen als „Globales" und „Globalisierung" kommuniziert wird. Das „Globale" ist letztlich wie aller Weltbezug eine Kopfgeburt – gespeist zwar durch Wahrnehmungsimpulse der Umwelt, letztlich jedoch der Verantwortung des Individuums für die Gestaltung des je eigenen Lebenslaufs anheimgestellt. Das Innere von Kopfgeburten aber ist der Steuerung von Außen entzogen, lediglich der äußere Schein, der Ausdruck des Inneren, ist der Verständigung zwischen Menschen zugänglich. Im Hintergrund des Ausdrucks steht die Verständigung des Menschen mit sich und über sich selbst – nicht zuletzt hinsichtlich der Frage, als welcher Ausdruck das Individuum selbst erscheinen will. Dies gilt auch für das Weltverhältnis des Individuums, also für den Ausdruck, den das Individuum in seinem Verhalten gegenüber dem Globalen an den Tag legt. Die Möglichkeit der Steuerung von außen kann sich allein auf jenen Prozess richten, in dem das Individuum sich „mit sich selbst über sich selbst"[4] verständigt: den Zirkel des Verstehens, in dem die Horizonte des *bisherigen* Ich mit dem des *künftigen* Ich durch die Begegnung mit der Welt verschmelzen.

Der Kernsachverhalt ist umstritten und doch an sich banal: Jedes Verstehen hat Geschichte, jedes Erkennen setzt Verstehen voraus. Geschichte, sowohl die je eigene als auch die der „Welt", kann nur erkannt werden durch Verstehen. Wie ist damit umzugehen? Dies ist eine zentrale Frage, die über ein Verständnis von Bildung als hermeneutischer Prozess beantwortet werden kann. Damit wird in die Frage nach Möglichkeiten und Grenzen „globaler Bildung" eine eher traditionelle anthropologische Fokussierung eingetragen. Der Schwerpunkt liegt stärker auf der prinzipiellen, eher formalen Bewältigungsstrategie (Aneignung) und weniger auf der Bestimmung des Gegenstandes „Welt". Es geht sozusagen um die Globalisierung im Kopf. Damit ist der Versuch verbunden, die Aneignungsperspektive, die gerne auch mit dem Label „Reformpädagogik" in Verbindung gebracht wird, hermeneutisch zu umschreiben, nicht aber in messbaren Daten handhabbar zu machen.

Die These lautet:

Bildung ist in letzter Konsequenz Hermeneutik.

---

[4] Vgl. hierzu grundlegend, jedoch mit einer handlungspragmatischen Fokussierung die Studien von Günther Buck: Hermeneutik und Bildung. Elemente einer verstehenden Bildungslehre. München 1981 (besonders die Studien I und II). Die Formel entstammt der ersten Studie über „Hermeneutik und Bildung", a. a. O. S. 36.

Anders und präziser formuliert:

Bildung ist die Ausbildung hermeneutischer Kompetenz und die (Selbst)Reflexion der Bindungen und Möglichkeiten des eigenen Verstehens.[5]

Die in Situationen des „Gebildet-Seins" zum Ausdruck kommende Kompetenz äußert sich immer in einer doppelten Urteilsfähigkeit, die die je eigenen Prozesse des Verstehens leitet. Die Urteilsfähigkeit richtet sich zum einen auf die Dinge der heute als global wahrgenommenen Mit-Welt, zum anderen jedoch zunächst zwingend auf die Bedingungen und Bedingtheiten, mit denen die Dinge der Mit-Welt und letztlich auch das eigene Selbst unter den Voraussetzungen der je eigenen Geschichte(n) in Betracht gezogen werden. Dies sind jene zwei Seiten von ein und derselben Sache – Seiten, die in der Eingebundenheit in dem, was nach Hans-Georg Gadamer als „hermeneutischer Zirkel"[6] bezeichnet wird, als zwei unauflöslich miteinander verbundene Pole gegründet sind. Das heißt auch: Die Illusion einer „objektiven", vermeintlich „empirischen" Sachlichkeit in dem Verhältnis von Ich gegenüber Mit-Welt und Selbst ist nichts anderes als der Selbstbetrug einer ungebildeten Freiheitsvorstellung, die meint, aus der Geschichte unbelastet von Vor-Urteilen heraustreten zu können. Das Gegenteil ist der Fall. Geschichtlich gebildete Urteile und Vor-Urteile sind die ständigen Modi der Weltwahrnehmung – die Frage ist lediglich, wie deutlich man sich ihrer bewusst wird, wie offen man sich zu ihnen bekennt und welche Konsequenzen aus deren Ansicht gezogen werden.

Für die Förderung von „Bildung" ergibt sich daraus eine doppelte Herausforderung. *Zum einen* geht es darum, Bildung als Theorie des Umgangs mit der globalen Mit-Welt zu reflektieren. Die Bedingungen der Weltaneignung und der Orientierung in den verschiedenen Wirklichkeitssphären stellen damit die eine große Herausforderung dar. Bildung ist auf Gegen-Ständlichkeit verwiesen. Diese gilt es als Information aufzunehmen, zu verarbeiten und kritisch einzuordnen. Dies ist der traditionelle Schwerpunkt dessen, was in didaktischer Hinsicht als „globale Bildung" diskutiert wird.[7] Die In-Beziehung-Setzung zur Gegen-Ständlichkeit aber bleibt bodenlo-

---

[5] Diese These nimmt den Ansatz von Buck auf, betrachtet den Zusammenhang von Hermeneutik und Bildung aber weniger mit Blick auf das Handeln und mehr auf das Denken des Menschen. Bildung wird damit stärker als eine reflexive Konstruktionsleistung jenseits des Alltags, also quasi als eine Art Kopfgeburt verstanden. Dies wiederum hängt damit zusammen, dass Bildung zugleich als Bewältigung von Freiheit und als eine Überwindung innerweltlicher Sinnansprüche gedeutet wird. Bildung und Hermeneutik treffen weniger in der Verständigung über den Sinn von Handlungen aufeinander als vielmehr in einer Haltung des pragmatischen bzw. innerweltlichen Atheismus, der aller Alltagsverständigung über Handlungssinn vorausgeht.

[6] Eine Skizzierung der Grundstruktur des hermeneutischen Zirkels findet sich in dem kurzen, aber prägnanten Text von Hans-Georg Gadamer: Vom Zirkel des Verstehens (1959). In Ders.: Hermeneutik II. Wahrheit und Methode. Ergänzungen, Register. Tübingen 1986, S. 57-65.

[7] Zu verweisen ist hier vor allem auf die Arbeiten von Klaus Seitz, Bernd Overwien und Annette Scheunpflug. Eine Bündelung von Perspektiven und Positionen findet sich in dem von Wolfgang Sander und Annette Scheunpflug herausgegebenen Band: Politische Bildung in der Weltgesellschaft. Herausforderungen, Positionen, Kontroversen. Perspektiven politischer Bildung. Bonn 2011.

ses Stückwerk, wenn nicht zugleich die andere Seite, der andere Pol von „Bildung" ebenfalls kritisch reflektiert wird. Neben die Reflexion der Fremd-Referentialität in der Auseinandersetzung mit der Mit-Welt hat *zum anderen* die Reflexion der Bedingungen und Möglichkeiten der Selbst-Referentialität zu treten. Beide Pole – untrennbar in einen nicht endenden zirkulären Prozess verwoben – konstituieren Bildung als Hermeneutik im Horizont der Globalisierung.

Noch einmal anders formuliert: In Bildung geht es um eine reflektierte Aneignung von Mit-Welt und es geht – dem ersten immer logisch vorausgesetzt – um eine kritische Analyse jener Bedingungen, unter denen die Mit-Welt in Betracht gezogen wird. Es geht auf dieser anderen Seite um Bildung als Bewusstmachung und Bewusstwerdung der eigenen Bedingungen und Bedingtheiten der Zuwendung zur Mit-Welt. Eine notwendige Aufgabe der Initiierung von Bildung mit Blick auf die sich lebenslang unabschließbar entwickelnde Person ist es somit nicht nur, eine permanente und kritische Auseinandersetzung mit der je begegnenden Gegen-Ständlichkeit zu eröffnen. Es geht immer zugleich auch um die Anregung, über die Ausdeutung von (eigenen) Urteilen und Vor-Urteilen zu der entscheidenden Voraussetzung des für das menschliche Sein konstitutiven Verstehensprozesses vorzudringen – Verstehen als reflektierter Modus der Hinwendung des Menschen zur Mit-Welt. All dies geschieht vor dem Hintergrund einer Situation der Zurückgeworfenheit des Menschen auf sich selbst, in die hinein seit der Aufklärung im deutschen Kulturdenken das Modell „Bildung" als Bewältigungsstrategie von Freiheit und Einsamkeit entwickelt wurde.[8] Dieser Grundgedanke soll nun in mehreren Schritten entfaltet werden.

Bildung und die Polarität des hermeneutischen Zirkels

Will man den soeben skizzierten Grundgedanken typologisch zuspitzen, so gibt es also zwei Seiten, von denen aus „Bildung" (immer jedoch im Bewusstsein der Existenz des jeweils anderen Pols) entwickelt werden kann.

Zum einen kann Bildung bestimmt werden als kritische Auseinandersetzung mit den Informationsgehalten der Mit-Welt. Dieses Verständnis ist überaus verbreitet und wird in der Regel mit einem bestimmten Bündel an Bildungs-Gehalten assoziiert. Das, was man unbedingt „wissen" muss, soll im populären bzw. populistischen Extremfall dann als „Bildung" gelten. Die Übergänge von „Bildung"[9] zur „Halbbildung"[10] hin zur „Unbildung"[11] sind dabei – gegenwartsanalytisch ausgedeutet – flie-

---

[8] Vgl. hierzu meine Überlegungen in dem Beitrag: Bildung als Kultur des Protestantismus. In: Koerrenz, Ralf (Hg.): Bildung als protestantisches Modell. Paderborn 2013, S. 17-39.

[9] Vgl. hierzu als einführende Übersicht Tenorth, Heinz-Elmar: „Alle alles zu lehren". Möglichkeiten und Perspektiven allgemeiner Bildung. Darmstadt 1994.

[10] Vgl. hierzu die geradezu „klassische" Begriffserläuterung durch Adorno, Theodor W.: Theorie der Halbbildung (1959). In: Ders.: Gesammelte Schriften. Bd. 8. Frankfurt a. M. 1990, S. 93-121.

[11] Vgl. hierzu Liessmann, Konrad Paul: Theorie der Unbildung. Die Irrtümer der Wissensgesellschaft. Wien 2006.

ßend, wenn es um die Bestimmung des Umfangs, vor allem aber auch der Beschreibung des Umgangs mit demselben geht. Zweifelsohne: Der Mensch ist im Bildungsprozess verwiesen auf Gegen-Stände. Vertrautes und Fremdes stehen ihm entgegen, fordern ihn heraus zu einer Stellungnahme, zu einer lernenden Vereinnahmung oder Abstoßung der Inhalte. Es ist der „objektive", der gegen-ständliche Teil der Geschichte(n), der in einem solchen Verständnis von „Bildung" zum Ausgangspunkt der strukturellen Bestimmung derselben gemacht wird. Ein „Kanon" an Gegen-Ständlichkeiten, dessen Vereinnahmung und In-Besitz-Nahme „Bildung" repräsentieren soll, ist heute jedoch angesichts der Komplexität und Kontingenz von Wissen nur noch als Karikatur zur Bestimmung von „Bildung" zu sehen. Dies ist eigentlich eine seit langem verbreitete Sichtweise von „Bildung", die jedoch in der öffentlich-medialen Kommunikation zuweilen in Vergessenheit gerät. Deswegen ist mit Blick auf ein Verständnis von Bildung über einen „Kanon" daran zu erinnern: An dieser Stelle ist die Rede von „Bildung" in der Gefahr, in eine besitzstandskonstituierende und besitzstandswahrende Ideologie umzuschlagen.[12] Dennoch kann Bildung nicht ohne seine Gegenstandsseite gedacht werden. Hierfür gilt es lediglich, das richtige Maß und den richtigen Modus zu finden. Mit Blick auf die Gegenstände, die materiale Seite der Bildung, ist der Mensch verwoben – er ist verwoben in das, was ihm entgegen-tritt, als etwas zunächst Fremdes, dann Vertraut-Werdendes und schließlich Vereinnahmtes. Der „hermeneutische Zirkel" im Sinne Gadamers kommt hier vom Pol der „Sache" her in den Blick Der Zugang zu Bildung wird dabei über die Gegen-Ständlichkeit gefunden, doch in ihrem Kern bleibt Bildung ein zirkuläres Geschehen, in dem die Gegen-Ständlichkeit nur einen Pol darstellt. Denn im „hermeneutischen Zirkel" als solches sind bekanntlich das Selbst und die Gegen-Ständlichkeiten der Mit-Welt in einen lebenslang unabschließbaren zirkulären Prozess verflochten. Ein Entrinnen aus dieser Struktur ist faktisch unmöglich, weil Hermeneutik den Wesenskern des Menschen kennzeichnet. Der Mensch ist ein Verstehender, sein Erkennen bleibt vom Verstehen abhängig und wird von diesem geleitet. Gewiss gibt es verschiedene Formen der (Selbst)Illusionierung, nach denen dem Menschen ein Austritt in die absolute Objektivität der Welt möglich sei. Doch der Mensch ist Mensch und nicht Gott, so sehr des Menschen Sehnen auf einen übermenschlichen Standpunkt gerichtet ist. Letzte Gewissheit ist dem Menschen aufgrund der Gefangenschaft im hermeneutischen Zirkel verwehrt. Nur Annäherungen an Wahrheit sind möglich. Gewissheit wäre Stillstand, Aufgabe des auf rastlosem Verstehen ruhenden Mensch-Seins, schlicht Ungebildet-Sein. Bildung ist Verstehen. Bildung ist Hermeneutik. Hermeneutik ist Bildung. Der Horizont des Gegen-Ständlichen ist global.

In Folge dieser Interpretation ist – quasi als eine Nebenwirkung – auch ein Begriffsverständnis des akademischen Alltagssprachgebrauchs zurückzuweisen, nach dem Hermeneutik immer noch irrtümlich als eine Methode neben anderen bezeichnet wird. Die Auffassung mag verbreitet sein. Dieses Verständnis von Hermeneutik

---

[12] Vgl. hierzu Bollenbeck, Georg: Bildung und Kultur. Glanz und Elend eines deutschen Deutungsmusters. Frankfurt a. M. 1994, 2. Aufl.

aber ist – überspitzt formuliert – vormodern. Hermeneutik ist – zumindest in der zeitgemäßen Fassung nach Heidegger und Gadamer – alles andere als eine Methode. Hermeneutik ist Synonym für eine bestimmte Auffassung von Mensch-Sein. Hermeneutik ist Lebens- und Weltauffassung. Hermeneutik hat sich gerade vor dem Hintergrund globaler Verständigungsnotwendigkeit als eine Weltanschauung erwiesen, in der die Möglichkeiten und Grenzen des Menschen als eines freien verstehenden Wesens in den Mittelpunkt rücken. Ein bzw. der zentrale Gedanke mit Blick auf die globale Welt lautet: Verstehen ist immer eine Frage des Standpunktes. Die Positionalität des Individuums ist unhintergehbar und unüberwindbar – das gilt je individuell und soziokulturell gleichermaßen. Die Reaktion auf die Einsicht in die positionelle Gebundenheit allen Verstehens muss ein Konzept sein, nach der der Mensch sich gerade diese Positionalität immer wieder neu bewusst machen und sie kritisch bedenken muss. Diese Herausforderung gewinnt im Horizont der Globalisierung eine letzte Schärfe und Evidenz, weil nur unter der Berücksichtigung der jeweiligen positionellen Gebundenheit des Eigenen Kommunikation mit Anderen noch möglich erscheint. Die Operationalisierung einer solchen Bestimmung des Mensch-Seins aber ist Bildung. In Bildung realisiert sich der Mensch in seiner Verstehenskompetenz als ein auf Freiheit aufruhendes Wesen, das inmitten aller kultureller Bedingtheit für die Gestaltung seines Lebenslaufs Verantwortung trägt. In seinem Verstehen ist der Mensch – solange er bei Verstand ist – unentschuldbar. Dies wird noch ein Stück weit klarer, wenn der andere Pol des hermeneutischen Zirkels als Zugang zum Verständnis von Bildung und damit des Mensch-Seins herangezogen wird.

Denn *zum anderen* kann der offene zirkuläre Prozess von den Bedingungen und Bedingtheiten des Selbst in den Blick genommen werden, von denen aus dann „Bildung" als Selbst-Referentialität zu thematisieren ist. Metaphorisch gesprochen wird der Mensch mit seinen Wahrnehmungsvoraussetzungen dann selbst zur entscheidenden Gegen-Ständlichkeit. Der Mensch beobachtet sich in seiner Eingebundenheit in den hermeneutischen Zirkel und nimmt vor allem die Bedingungen und Bedingtheiten in den Blick, mit denen er je selbst den Gegen-Ständlichkeiten der Mit-Welt gegenübertritt. Dabei wird er mit einer Frage nach Sinn konfrontiert, an der er notwendig angesichts der quantitativen und qualitativen Unverständlichkeit der Mit-Welt verzweifeln müsste. Eine Theorie des Absurden erscheint – zumindest zuweilen – die einzig sinnvolle Antwort auf diese Frage. Bildung als Hermeneutik ermöglicht durch die Einsicht in die eigene Standortgebundenheit einen partiellen Abschied von der Verzweiflung über das Nicht-Fassbare. Bildung bewältigt die Unerträglichkeit von Freiheit durch hermeneutische Reflexion und begründet damit gleichzeitig Freiheit als Würde und Unverfügbarkeit des Fremden positiv. Dazu nötigt nicht zuletzt der Horizont des Globalen. Der Mensch sieht gerade angesichts global wahrnehmbarer Heterogenität seine eigenen Maßstäbe, mit denen er im hermeneutischen Zirkel operiert – zumindest die seiner selbst vor Augen liegenden, in der Regel noch nicht auf Anhieb die in ihm verborgenen. Die Herausforderung besteht dann gerade auch darin, nicht nur der offensichtlichen Maßstäbe gewahr zu werden, sondern auch die latenten, verborgenen Kriterien zu betrachten, mit denen die Deutung und der Umgang mit Selbst und Mit-Welt vollzogen wird. Bildung ist von diesem Pol aus zu begreifen als Auseinandersetzung mit den Bedingungen und Bedingtheiten, die das Ich in der Auseinandersetzung mit Mit-Welt und Selbst antreiben. Die Förderung von Bildung wird in dieser Hinsicht Ausdruck für eine begleitende Anleitung zum Umgang mit sich selbst – sei dies pädagogischer, seelsorgerischer oder psychoanalytischer Natur. Dann geht es in „Bildung" in einer spezifischen, auf das Selbst zurückgeworfenen Weise um die Bestimmung der Funktion von Urteilen und Vor-Urteilen. Dies soll – in aller Vorläufigkeit – die Perspektive sein, unter der „Bildung" nachfolgend mit Blick auf den einen Pol des hermeneutischen Zirkels näher zu beschreiben versucht wird: als Reflexion und Gestaltung von Vor-Urteilen.

Eine solche Vorstellung von Bildung als Umgang mit Vor-Urteilen bildet einen wesentlichen Baustein in Gadamers Vorstellung einer philosophischen Hermeneutik in „Wahrheit und Methode". Diese Hermeneutik ist im hier entwickelten Sinne nichts anderes als die Grundlegung einer Bildungstheorie – eine Grundlegung, die insofern „anthropologisch" genannt werden kann, weil sie im Sinne Otto Friedrich Bollnows nach den Möglichkeiten und Grenzen des Menschen in seiner Selbst-Bestimmung und Welt-Orientierung fragt.[13] Die nachfolgenden Notizen greifen zunächst Gadamers Überlegungen zum Vorurteil auf, um daran die Problematik der Selbst-Referentialität zu erörtern. Wichtige Fragen bleiben in den hier nur vorläufigen Überlegungen unbeachtet. Hierzu zählt zunächst das Problem der Zugänglichkeit der Urteile und Vorurteile in der Selbst-Reflexion. Unberücksichtigt bleibt auch die Frage, inwieweit in der Selbst-Referentialität eine auf relative Kontinuität gerichtete Entscheidung für bestimmte Vor-Urteile möglich ist, ohne dass die Offenheit des hermeneutischen Zirkels aufgehoben wird.[14] Offen bleibt schließlich auch das Problem, wie mit solch festgestellten Vor-Urteilen die Fremd-Referentialität, also die Hinwendung zur und Aufnahme der gegen-ständlichen Mit-Welt, so gesteuert werden kann, dass es sich weiterhin um Bildung als offene Hermeneutik und nicht als ideologisierte Hermetik zu handeln vermag. Diese Punkte wären an anderer Stelle zu erörtern.

Gadamers Vorurteil

Hans-Georg Gadamer selbst ließ sich von dem (Vor-)Urteil leiten, dass jenseits des je eigenen geschichtlichen Standpunkts keine Interpretation von Wirklichkeit möglich ist. Auch wenn dies zweifelsohne eine normative Setzung ist: Dies scheint gerade im Horizont der Globalisierung evident, so dass dem gefolgt werden soll. Überzeitliche, aus der Geschichte ausgestiegene Vernunft ist gleichermaßen abstrakt und

---

[13] Vgl. hierzu Bollnow, Otto Friedrich: Die anthropologische Betrachtungsweise in der Pädagogik. Essen 1975, 3. Aufl.

[14] Vgl. hierzu ergänzend meinen Beitrag: Kulturmuster als fragmentarische Kontinuitäten. Theorie (der Erziehung) zwischen Unschärfe und Fixierung. In: Brachmann, Jens/Coriand, Rotraud/Koerrenz, Ralf (Hg.): Kritik der Erziehung. Der Sinn der Pädagogik. Bad Heilbrunn 2013, S. 67–84.

überirdisch, wir aber sind nur geschichtsgebundener Geistleib, nicht mehr, aber auch nicht weniger. Zum Ausdruck kommt diese Lage in einem Verständnis positionsgebundener „Vernunft", wie es ähnlich rund zweihundert Jahre zuvor der protestantische Theologe Johann Gottfried Herder (u. a. in scharfer Abgrenzung zu Kant)[15] entworfen hatte. Der Existenzphilosoph Karl Jaspers hatte mit Blick auf eine multi- bzw. polyzentrische Verfasstheit der Geschichte auf die Unhintergehbarkeit und Unüberwindbarkeit einer (historisch bedingten) Standpunkt-Gebundenheit verwiesen. Der Mensch sei gebunden an einen Standpunkt der Zuwendung zur Mit-Welt, den er reflexiv im Modus einer Entscheidung einzuholen habe.[16] Danach geht es im ersten Schritt um ein Gewahr-Werden, im zweiten Schritt um eine Positionierung zur eigenen Position. Die Entscheidung für einen Standpunkt ist in letzter Konsequenz ein existentieller Prozess, der mitten in die strukturelle Beschaffenheit des anthropologischen Begriffs der Bildung hineinführt. In diesem Sinne gibt es keinen „allgemeinen" Standpunkt, sondern immer nur den je eigenen – aus welcher Tradition und von welchen Geschichten dieser Standpunkt auch immer gespeist sein mag, mit wie vielen und welcher Art von Menschen er auch immer geteilt werden mag. Daran hat sich strukturell selbst im Zeitalter von Facebook und Twitter nichts geändert, auch wenn die medialen (Selbst)Inszenierungen Anderes zu suggerieren suchen. Inmitten der wie auch immer gegründeten Verbundenheit mit anderen Menschen ist der Einzelne in letzter Hinsicht auf sich selbst zurückgeworfen. Die dieser *Existentialität des Standpunktes* zu Grunde liegende Entscheidung soll hier – im Anschluss an die philosophische Hermeneutik Gadamers – anhand des Motivs „Vor-Urteil" veranschaulicht werden.

Gadamer hatte seine Ansicht der existentiellen Bedeutung und gleichzeitigen Bedingtheit von Geschichtlichkeit in der hermeneutischen Prämisse gebündelt: „Vernunft ist für uns nur als reale geschichtliche, d.h. schlechthin: sie ist nicht ihrer selbst Herr, sondern bleibt stets auf die Gegebenheiten angewiesen, an denen sie sich betätigt."[17] Dieser zumindest für manche Ohren scheinbar banal und angesichts globaler Heterogenität fast selbstverständlich klingende Sachverhalt ist in gewisser Weise irritierend, laufen gegenwärtige Trends doch oft in eine andere, fest-stellbare Richtung. So markiert das Diktum Gadamers eine scharfe Grenze gegenüber allen sich absolut setzenden Modellen der Wirklichkeitswahrnehmung – seien diese eher formal-empirischer Natur oder gar dogmatisch-spekulativer Gestalt (z. B. mit Blick auf den Gang der Weltgeschichte). Die Wert-Schätzung des Vor-Urteils ist Symbol für die egozentrische Demut gegenüber den je eigenen Beschränkungen des Denkens und Erkennens.[18]

---

[15] Vgl. hierzu die vergleichende Darstellung von Litt, Theodor: Kant und Herder als Deuter der geistigen Welt. Leipzig 1930.

[16] Vgl. hierzu Jaspers, Karl: Philosophie. Bd. 1. Berlin 1956, S. 180-183 und S. 240-243.

[17] Gadamer, Hans-Georg: Wahrheit und Methode. Grundzüge einer philosophischen Hermeneutik. Tübingen 1975, 4. Aufl., S. 260.

[18] Nachfolgend fließen in die Darstellung der Positionen Gadamers und Heideggers einige Gedanken ein, die bereits im Rahmen des genannten Kulturmuster-Beitrags formuliert wurden.

Im Rückblick zeigten sich für Gadamer im 18. und frühen 19. Jahrhundert sehr unterschiedliche, ja vermeintlich gegensätzliche Spielarten eines Denkens, die aufgrund überaus verschiedener Motive und Prämissen einen Ausbruch aus der Geschichts- und damit Standpunktgebundenheit der Weltzuwendung proklamiert hätten. Damit einher ging eine Geringschätzung des Vorurteils, das lediglich als ein zu überwindendes Hindernis des Denkens betrachtet worden sei. So wandte sich Gadamer in seiner Analyse des Vorurteils gleichermaßen gegen eine bestimmte Spielart der Aufklärung des 18. Jahrhunderts und gegen die diese negierende Romantik. Die Entwicklung von einer bestimmten Spielart der Aufklärung hin zur Denkwelt der Romantik sei der Umschlag von einem Extrem in ein anderes Extrem gewesen. Gemeinsam sei diesen Deutungswegen unter dem Vorzeichen einer je eigenen Variante von „Gewissheit" jedoch, dass sie beide den zugleich geschichtsgebundenen und offenen Wesenskern des Menschen in seiner zur Bildung bestimmten Verstehenskompetenz verfehlen würden. „Der Glaube an die Perfektibilität der Vernunft [Anm.: in der Aufklärung] springt um in den an die Perfektion des ‚mythischen' Bewußtseins [Anm.: in der Romantik] und reflektiert sich in einen paradiesischen Urstand vor dem Sündenfall des Denkens."[19] Solchermaßen verstandene Perfektibilität und Perfektion menschlicher Weltzuwendungen sind gefangen in ihrer perspektivischen Geschlossenheit. Die vermeintlich so entgegengesetzten Positionen der Aufklärung und Romantik ähnelten sich an diesem Punkt auffällig. Sie markieren einen grundlegenden Gegensatz zu einer Haltung der Offenheit, zu relativer Unbestimmtheit, zum ebenso tastenden wie die eigene Verantwortung reflektierenden Weltumgang. In Folge beider Positionen habe es eine grundsätzliche Skepsis hinsichtlich einer positiven Bedeutung von Vor-Urteilen gegeben. Genau diese positive Bedeutung aber, die in der Frage nach der Bedeutung und der Funktion von Vor-Urteilen für das Verständnis des Menschen und dessen Umgang mit der Mit-Welt ihren Ausdruck finde, gelte es gegen die typologisch skizzierten Extreme einer bestimmten Auffassung von Aufklärung und Romantik zu rehabilitieren. Dem Selbst- und Weltverständnis blieben – so Gadamers Einschätzung – sowohl mit der Fixierung auf „Vernunft" als auch mit einer solchen auf den „Mythos" nur Fluchtwege in ein Absolutes, das vermeintlich jenseits der Geschichte gefunden werden kann.

In kritischer Abgrenzung zur Verurteilung von Vorurteilen durch eine sich absolut setzende Vernunft einerseits und dem untauglichen Reaktionsversuch in dem Verweis auf die „dunkle" Seite des Menschen andererseits rücken für Gadamer die Möglichkeit und Notwendigkeit der Reflexion des Vor-Urteils in die Position des zentralen Scharniers, von dem aus überhaupt das menschliche Selbst- und Weltverhältnis verstanden werden kann. Eine positive Bewertung von Vor-Urteilen ist aber gewissermaßen bereits in der Ausrichtung der Anthropologie auf das Verständnis menschlicher Vernunft selbst angelegt. Denn in letzter Konsequenz muss – so der Gedanke Gadamers – Vernunft in einem geschichtlich rückgebundenen Sinne nach den Bedingungen und Möglichkeiten ihres eigenen Leistungsvermögens in einer historisch-materialen Weise fragen. Es geht dann nicht (nur) um die den Menschen

---

[19] Gadamer, Wahrheit, a. a. O., S. 258.

innewohnenden a-priori-Abstrakta, sondern um Weltwahrnehmung im konkreten geschichtlichen Sein. Dies führt aber nahezu zwangsläufig zu einer Wertschätzung der Analyse von historischer Bedingtheit menschlicher Vernunfttätigkeit, für die dann die kritische Auseinandersetzung mit dem Stellenwert eines „Vor-Urteils" zum Schlüssel für das Verständnis menschlicher Vernunft überhaupt wird. In gewissem Sinne vollendet sich in dieser auf Selbstreflexion ausgerichteten Deutung von Vernunft geradezu der Anspruch der Aufklärung auf Autonomie und begründet damit zugleich ein tiefergehendes Verständnis von Bildung.

Heideggers Existenz

Gadamer knüpft in der Wertschätzung von Vor-Urteilen an die Seinsanalyse Martin Heideggers an und führt dessen Kopplung des Existenz-Begriffs an die Alltäglichkeit von Weltwahrnehmung und Alltagsverständnis in einer modifizierten Auffassung von Hermeneutik weiter. Heideggers Frage nach dem Spezifikum *menschlichen* Seins in der *allgemeinen* Analyse des Seins markierte für Gadamer jenes Korrektiv, das einer Verabsolutierung „der" Mit-Welt oder auch nur einzelner Phänomene in dieser als Deutung von Wirklichkeit entgegensteht. Dabei hatte Martin Heidegger in „Sein und Zeit" die Frage nach dem Sein gerade durch die Kopplung an die Frage nach der Zeit radikalisiert. Der Gedanke des „Seins" enthielt traditionell die Vorstellung, das Fest-Stehende bestimmen zu können. Dies stellte Heidegger in Frage. Sein Grundgedanke war, auch das Sein als immer zeitlich bedingt zu verstehen – ein Element, das später zur konstitutiven Grundschicht in Gadamers Verständnis von Hermeneutik werden sollte. In Auseinandersetzung mit der traditionellen Ontologie entwickelte Heidegger die Unterscheidung von Vorhandenheit und Zuhandenheit: Die Interpretation des Seins unter dem Vorzeichen der Vorhandenheit führe zu einer Verdinglichung der Umgebung und damit gleichzeitig den Menschen in eine Situation der Entfremdung. Der Mensch sei durch die Dominanz der Vorhandenheit in seinem „Dasein" gefährdet. Die Analyse der Gefährdung des Daseins sei die eine Seite, die Frage nach dem, worin sich das Sein selbst in seinem Dasein konstruktiv ausdrücken kann, die andere. Diese Seite des dem Menschen Möglichen führe zu dem Leitbegriff der Existenz. Denn: „Das Sein selbst, zu dem das Dasein sich so oder so verhalten kann und immer irgendwie verhält, nennen wir Existenz."[20]

Gadamer erhebt das Vor-Urteil in den Rang eines Existentials, einer Grundform der In-Beziehung-Setzung von Sein zum Dasein. Das Vorurteil wird insofern zum Existential, als es das Fundament der Weltwahrnehmung darstellt, dessen sich der Mensch permanent zu vergewissern hat. Dies aber ist konstitutiver Bestandteil von Bildung – Bildung verstanden vom Pol jener Selbst-Referentialität aus, die im hermeneutischen Zirkel mit der Fremd-Referentialität verbunden ist. Es geht in diesem Zugang zu Bildung um reflektierte Vorurteile, um der Geschichte in ihren kulturel-

---

[20] Heidegger, Martin: Sein und Zeit (1927). Tübingen 1957, 8. Aufl., S. 12.

len Ausprägungen durch eine bestimmte, selbstreflexiv vergewisserte Lesebrille ansichtig zu werden. Ausgangspunkt für jeden Menschen in seinem so begründeten lebenslangen Lernprozess ist immer der „Horizont der Gegenwart", der „in steter Bildung begriffen [ist], sofern wir alle unsere Vorurteile ständig erproben müssen. Zu solcher Erprobung gehört nicht zuletzt die Begegnung mit der Vergangenheit und das Verstehen der Überlieferung, aus der wir kommen."[21]

Die Auseinandersetzung mit der kulturellen Vielfalt im globalen Horizont bzw. das Aufeinandertreffen von Individuum und globaler Kultur ist zunächst im Hier und Jetzt der eigenen Existenz nebst geschichtlicher Verankerung angesiedelt. Bei der Reflexion über die inhaltlichen Orientierungen eines Vorurteils ist der Einzelne immer eingebunden in eine Kommunikationsgemeinschaft, aus der wesentliche Grundzüge dieser Inhalte stammen und deren Praxisrelevanz in diesem Kontext gepflegt wird. Dennoch bleibt das Vor-Urteil in hohem Maße Folge einer individuellen Wahl. Verbindend mit anderen Menschen ist zunächst „nur" das eher formale Interesse, mit Hilfe der materialen Ausrichtung eines jeweiligen Vorurteils an der Entschlüsselung und Gestaltung von Wirklichkeit mitzuwirken. Es geht in der Kommunikationsgemeinschaft immer um die Konstituierung eines Vorverständnisses, „das im Zu-tun-haben mit der gleichen Sache entspringt."[22]

In welchem Sinne dieses Zu-tun-haben aus einer gemeinsamen Anstrengung und Verpflichtung hervorgeht, wird dann deutlich, wenn man sich die notwendige Erweiterung und existentielle Erdung des hermeneutischen Zirkels durch Gadamer in Erinnerung ruft. Die Zirkelstruktur wird danach nicht mehr ausschließlich auf der Gegenstandsebene angesiedelt, sondern in einer spezifischen Weise zur Signatur des Verhältnisses von Mensch und Mit-Welt. Der Mit-Welt wird eine eigene Bewegungsmächtigkeit zugeschrieben, die – sei sie vergangen, sei sie gegenwärtig – auf die Gegenwart, auf Wirkung und Rezeption, hinausläuft. Zugleich jedoch ist es der Einzelne, der sich mit einem spezifischen Interesse und der Reflexion formaler und materialer Dimensionen des Vorurteils auf die Sache hin bewegt. So kommt Gadamer zu der Formulierung: „Das Verstehen ist selber nicht so sehr als eine Handlung der Subjektivität zu denken, sondern als Einrücken in ein Überlieferungsgeschehen, in dem sich Vergangenheit und Gegenwart beständig vermitteln."[23] Es geht in letzter Konsequenz um ein „Ineinanderspiel der Bewegung der Überlieferung und der Bewegung des Interpreten. [...] Der Zirkel des Verstehens ist also überhaupt nicht ein ‚methodischer' Zirkel, sondern beschreibt ein ontologisches Strukturmoment des Verstehens."[24] Dieses ontologische Strukturmerkmal konstituiert das menschliche Sein als ein auf Verstehen ausgelegtes und zugleich angewiesenes Sein. Der Mensch kann im Sinne des hermeneutischen Zirkels qua Mensch-Sein nicht nicht-verstehen. Der Mensch kann nur besser oder schlechter verstehen. Dies aber hängt in letzter Konsequenz ganz wesentlich vom Grad der Bewusstheit der eigenen Vorurteilstruk-

---

[21] Gadamer 1975, S. 289.
[22] A. a. O., S. 278.
[23] A. a. O., S. 274 f.
[24] A. a. O., S. 277.

tur ab. Sich diese Vorurteilsstruktur zu vergegenwärtigen, ist der Kern aller Bildung im hermeneutischen Sinne. Die damit verbundene Kompetenz, mit sich selbst und der je eigenen Welt im Kopf umzugehen, ist – vom Individuum aus betrachtet – Grundlage für die Wahrnehmung der Mit-Welt sowie der Kommunikation mit derselben. In pädagogischer Hinsicht begründet – quasi von außen betrachtet – die Kompetenz im Umgang mit den je eigenen Vor-Urteilen maßgeblich die Differenz von Bildung und Unbildung, von Gebildet-Sein und Dumpfheit. Zweifelsohne muss ein bestimmtes Maß an Gegen-Ständlichkeit in der Bewusstheit der eigenen Vor-Urteile immer vorhanden sein, da ohne materiale Inhalte keine Weiterentwicklung der hermeneutischen Kompetenz denkbar ist. Die materiale Seite jedoch unterliegt Zufälligkeiten, Gelegenheiten und dem je individuellen Verstandesvermögen. Diese Seite kann immer nur exemplarisch entfaltet werden, so dass das zentrale normative Kriterium die radikale Offenlegung der formal-logischen und material-inhaltlichen Struktur und Gehalte der Vor-Urteile ist. Dieser Grundgedanke, dass dem Vor-Urteil eine konstitutive Bedeutung für das Sein zukommt, soll abschließend erläutert werden.

Bildung als Zuhandenheit der (Vor)Urteile

Verbindet man die von Gadamer der Sache nach vollzogene Deutung des Vorurteils als Existential mit der polaren Grundstruktur des hermeneutischen Zirkels und bindet beides an das hier entfaltete Verständnis von „Bildung" zurück, so ergeben sich eine Reihe von abschließenden Anschlussüberlegungen. Gebündelt werden diese Überlegungen in dem Problem, welche Binnendifferenzierung sich innerhalb des Bildungsgeschehens unter dem Vorzeichen der Selbst-Referentialität denken lässt. Damit verbunden ist die Frage, was für Folgerungen aus einer solchen Differenzierung für das pädagogische Handeln, also die Förderung von Bildung, gezogen werden können. In der elementaren Bedeutung von Vor-Urteilen für das Verständnis des Menschen als verstehendes Wesen sind mehrere Ebenen zu unterscheiden.

Zunächst: Wenn die Struktur von Urteil und Vor-Urteil im hermeneutischen Zirkel zum Sein des Menschen gehört, so ist auf einer grundlegenden *ersten Ebene* von einer Vorhandenheit der Vorurteilsstruktur an sich zu sprechen. Jeder Mensch ist in seinem Verstehen von Vor-Urteilen geleitet, Vor-Urteile sind ein konstitutiver Bestandteil des Verstehensprozesses, ohne Vor-Urteile (zunächst im formalen Sinne) bleibt Verstehen unverständlich. Die Vorhandenheit von Vor-Urteilen bezeichnet zunächst einen anthropologischen Sachverhalt im Vorfeld der Frage, inwiefern Hermeneutik bzw. der Aufbau hermeneutischer Kompetenz den Prozess der Bildung begründet. Für die Förderung von Bildung wäre mit Blick auf die daseienden und letztlich unhintergehbaren Vorurteile in der Terminologie Heideggers der Umschlag von der Vorhandenheit zur Zuhandenheit entscheidend. Mit anderen Worten bedeutet dies schlicht: Es geht im Bildungsprozess von außen betrachtet um eine Einübung in den kritischen Umgang mit eigenen Vor-Urteilen. Dem Menschen muss insgesamt sowohl das „dass" (erste Ebene) als auch die je individuell-konkrete

Beschaffenheit (zweite Ebene) der Vor-Urteilsstruktur einsichtig gemacht werden. Das „dass" zielt auf die Einsicht in die Standpunktgebundenheit allen Erkennens an sich, weil Erkennen immer auf Verstehen basiert und diesem logisch nachgeordnet ist. Die Auseinandersetzung mit dem „dass" zielt darauf, die Möglichkeiten und Bedingtheiten des Verstehens an sich und damit auch der Kommunikation zu bestimmen. Dies alles ist universalanthropologisch und bezeichnet die besagte erste Ebene der Bedeutung von Vor-Urteilen, auf der der Umschlag von Vorhandenheit in Zuhandenheit in der Einsicht in die Standpunktgebundenheit allen menschlichen Verstehens besteht.

Von dieser ersten Bedeutungsebene des Vor-Urteils als Existential lässt sich jedoch eine *zweite Ebene* unterscheiden. Auf dieser geht es um die materiale(n) Füllung(en) von Vor-Urteilen. Diese Ebene ist nicht universalanthropologisch, sondern pendelt zwischen Prägungen *sozialanthropologischer* und *individualanthropologischer Art.* Es sind zum einen die konkreten Geschichten der Mit-Welt, die den je eigenen Standpunkt und die in ihm mitgeführte Vor-Urteilsstruktur inhaltlich prägen. Dies wäre eine *sozialanthropologische Perspektive,* in der die unterschiedlichen Ebenen der Mit-Welt (von der Familiengeschichte über „Milieu"-Ausprägungen bis hin zu Erfahrungen kultureller Vielfalt im globalen Horizont) zusammenfließen. Die materialen Füllungen von Vor-Urteilen wären jedoch nur unzulänglich beschrieben, wollte man den je individuellen Akt der Vorurteilsbildung und Vorurteilspflege außer Acht lassen. In der *individualanthropologischen Perspektive* kommt die Freiheit des Menschen als verstehendes Wesen zur Geltung, sich zu den Geschichten, in die der Mensch verwoben ist, so oder so zu verhalten. Wollte man Bildung also auf der zweiten Bedeutungsebene entfalten, so wären aus der Binnenperspektive der Selbstreferentialität diese verschiedenen Einflusssphären bis hin zur Freiheit des Menschen, sich zu diesen Sphären so oder so zu verhalten, zu thematisieren. Blickt man von außen auf diese Konstellation, so stellt sich die Problemlage in einer gewissen Weise pragmatischer dar. Von außen betrachtet ist diese materiale Füllung in unterschiedlicher Hinsicht thematisierbar.

Möglich ist eine *ethische Diskussion* um vertretbare und nicht-vertretbare Vor-Urteile (z. B. mit Blick auf die Rolle der Geschlechter, mit Blick auf universale Menschenrechte etc.). Was sind „gute", d. h. sozial verträgliche oder gewünschte Vor-Urteile gerade im Horizont der Globalisierung? Welche Vor-Urteile müssen insbesondere wegen zu erwartender praktischer Folgeschäden kritisiert oder unterbunden werden? Dies ist von außen betrachtet eine ethische Diskussion, in die Vorstellungen der gesellschaftlichen Moral (z. B. hinsichtlich von Ausgrenzungen in Form von Diskriminierung, Rassismus etc.) bis hin zum Extremfall des Strafrechts (z. B. hinsichtlich der Vorstellungen von Sexualität oder der Vergangenheitsdeutung) einfließen. Es sind die Vor-Urteile im hermeneutischen Zirkel, an denen Bildung und Politik unter heutigen Vorzeichen der medialen und zumindest zum Teil auch realen Präsenz von Globalisierung zusammentreffen. Globale Bildung zielt in diesem Sinne immer auf eine Modifizierung bzw. Modellierung des Verstehens.

Denkbar ist jedoch auch eine *pädagogisch-bildungstheoretische Diskussion* der Möglichkeiten und Grenzen einer fördernden Begleitung des Bildungsprozesses.

Hier geht es dann um die didaktisch-methodische Frage, ob und inwieweit das Entstehen und der Wandel von Vor-Urteilen, inklusive der Kompetenz, die Vor-Urteile überhaupt als Vor-Urteile wahrzunehmen und eine entsprechende Haltung im Umgang mit denselben einzuüben, auf Bildungsimpulsen von außen beruhen und von außen angestoßen werden können. Anders formuliert: Welche Rolle spielt bei der Förderung von Bildungskompetenz die Steuerung von Lernprozessen, also Erziehung? An dieser Stelle ergibt sich also mit Blick auf die Selbstreferentialität im Bildungsgeschehen die Frage nach Möglichkeiten und Grenzen einer Kopplung von Bildung und Erziehung, sind es doch Steuerungen von Lernprozessen, die eben jene Form der Selbstreflexion (eigenen Verstehens) in der Regel anregen. Die Formen der Lernsteuerung können personal oder strukturell, situativ oder vorgeplant sein – dies ist letztlich egal. Es kommt auf die Gerichtetheit der Lernsteuerung an. Diese hat mit Blick auf die zu initiierende Selbstreflexion zum einen die Funktion, die Bedingtheiten eigenen Verstehens zu durchschauen, zielt in letzter Konsequenz jedoch natürlich auch darauf, die Vor-Urteile anderer Menschen angemessen verstehen und mit ihnen umgehen zu können. In dieser Hinwendung zum Anderen durch die Selbstreflexion hindurch kommt die Verbindung der beiden Pole des hermeneutischen Zirkels zum Ausdruck.

Fassen wir einige Punkte zusammen: Als Strukturprinzip einer Zuwendung zur kulturellen Vielfalt im globalen Horizont ist die *erste Ebene der Vorhandenheit* für das Verständnis des Menschen als verstehendes Wesen konstitutiv. Indem der Mensch sein Verstehen versteht, ist er in einem grundlegenden Sinne gebildet. Dies ist der eine, hier als Pol der Selbstreferentialität im hermeneutischen Zirkel beschriebene Aspekt von Bildung. Das Vorhandensein von Vor-Urteilen an sich gehört zu den ontologischen Merkmalen des menschlichen Daseins, die es in der menschlichen Existenz zu vergegenwärtigen gilt. Wenn die Rede von formaler Bildung zu Beginn des 21. Jahrhunderts noch Sinn ergeben soll, so muss sie an dieser Stelle eingesetzt werden. Die Auseinandersetzung mit der Vorhandenheit von Vorurteilen im hermeneutischen Zirkel kann als formale Bildung bezeichnet werden. Das Gewahrwerden der Vorurteilsstruktur im Verstehensprozess ist ein zu vermittelnder Bildungsgehalt, der quasi alternativlos und als Appell bzw. in Übungen in den Sich-Bildenden zu implementieren ist. Die geschichtliche Relativität des eigenen Verstehens und Handelns ist danach eine absolute Norm von Hermeneutik als Weltanschauung.

Die *zweite Ebene der materialen Beschaffenheit* von Vor-Urteilen und deren Reflexion ist ein Problem mit anderen Problemfokussierungen, die in der skizzierten Weise noch einmal differenziert werden müssten. Hier geht es nicht nur um den Umgang mit sich selbst (um diesen geht es selbstverständlich auch, wenn einem erst einmal gewahr wird, von welchen Vor-Urteilen man sich in der ein oder anderen Hinsicht bestimmen lässt), sondern auch um die Verbindung mit dem anderen Pol der Bildung, der Fremdreferentialität. Diese Fremdreferentialität aber kann nicht losgelöst von der Verbindung zur Selbstreferentialität betrachtet werden. Dies hat für das Verständnis von Bildung zur Folge, dass letztlich die Beschäftigung mit dem Selbst als ein solcher interner Bildungsgehalt zu betrachten ist, der allen anderen In-

Beziehung-Setzungen zu externen Bildungsgehalten vorausgeht, wenn er auch zugleich – gemäß der Zirkelstruktur – wieder von denselben mitbestimmt wird. Ebenso wie die Formel „formale Bildung" gewinnt auch die Formel von „materialer Bildung" erst im Rahmen von Bildung als Synonym für Hermeneutik eine angemessene Bedeutung. Die Bezeichnung „materiale Bildung" zielt dann nicht mehr auf das „dass" der Bedeutung von Vor-Urteilen, sondern auf die genannten Aspekte der materialen Beschaffenheit von Vor-Urteilen. Die eine Hinsicht materialer Bildung bezieht sich auf die analytische Kompetenz in der Selbstreferentialität. Hier geht es um die Klärung der Frage, warum welche Vor-Urteile in der eigenen Welt-Zuwendung leitend sind. Es geht um die Analyse der vorhandenen eigenen Bedingungen des Verstehens. In der anderen Hinsicht materialer Bildung geht es um die Erwägung von Alternativen und Erweiterungs- bzw. Veränderungsmöglichkeiten eigener Vor-Urteile in der Zuwendung zur Mit-Welt. Dies sind gleichermaßen ethische und pragmatische Fragen.

Zum Schluss: Die Überlegungen zum Bildungsbegriff sind auch ein Versuch, die eigene Skepsis hinsichtlich des Bildungsbegriffs als eines pädagogischen und vor allem politischen Schwamms, der alles Mögliche und Unmögliche aufzusaugen vermag, zu überwinden. Insbesondere die Frage, was denn „Bildung" in anthropologischer Hinsicht so zu beschreiben vermag, dass das Bildungsgeschehen „operativ" denkbar wird, war immer ein Kernproblem der Theorie und Praxis. „Erziehung" erscheint dagegen klar, vor allem auch „wissenschaftlich" bestimmbar. Die Frage ist: Gibt es eine Bestimmungsmöglichkeit des Begriffs „Bildung", der gerade auch im Horizont der Globalisierung anthropologisch (und von dort aus sozial – und nicht umgekehrt) geerdet werden kann? Der hier illustrierte Gedanke, Bildung von einer Analyse des Verstehens abzuleiten und als Synonym für die (Aus)Bildung hermeneutischer Kompetenz zu betrachten, scheint mir – in aller Vorläufigkeit – die einzige Möglichkeit zu sein, dem Begriff „Bildung" ein operationales Fundament zu verleihen. Konstitutiv für dieses Bildungsverständnis ist die Unhintergehbarkeit und in gewissem Sinne auch Unzugänglichkeit der Freiheit jedes Individuums. Das Modell „Bildung" geht von dieser Freiheit aus und proklamiert gleichzeitig die Verantwortung, die das Individuum angesichts dieser Freiheit für die je individuelle Gestaltung des eigenen Lebenslaufs hat. Dies geschieht nie jenseits einer konkreten sozialen Eingebundenheit, in der es von außen betrachtet das Problem von Chancen und Benachteiligungsstrukturen kritisch zu reflektieren und sozial zu gestalten gilt. Die moderne Kultur europäischen Zuschnitts geht in allen Brechungen und Gefährdungen von der potentiellen Autonomie und Freiheit des Individuums aus. Allerdings zugleich: Es gibt keine vor-soziale Individualität jenseits von Geschichte und konkreter kultureller Einbindung des Menschen. Dies kommt im Prozess der Bildung in der zirkulären Verflechtung der beiden Pole des hermeneutischen Zirkels – Selbstreferentialität und Fremdreferentialität – zum Ausdruck. Beide Pole sind auf den kritischen Umgang mit (eigenen) Vor-Urteilen angewiesen. Der Mensch soll seiner selbst ansichtig werden – in allen Möglichkeiten und Bedingtheiten. Deswegen geht es bei Bildung um die Reflexion von Vor-Urteilen. Eine Orientierung angesichts kultureller Vielfalt und des Zwanges, sich in dieser Vielfalt zu vergewissern, ist ohne die vorgängige Vor-Urteilsstruktur des Verstehens gar nicht denkbar. Die Schulung hermeneutischer Kompetenz ist der Kern des bzw. das Synonym für das Bildungsgeschehen. Die entscheidende Operation des Bildungsgeschehens findet im Individuum statt und kann von außen nur angestoßen, inspiriert werden. Dieser Prozess ist zwar scheinbar primär auf die Selbstreferentialität ausgelegt. Dies ist jedoch nur der logische Anker, weil Bildung ein zirkuläres Geschehen und immer zugleich für die Fremdreferentialität richtungsweisend ist. Es gibt kein Verstehen jenseits von Vor-Urteilen.

BERND OVERWIEN

Traditionen pädagogischer Reform in Globaler Bildung

Innerhalb der deutschen Erziehungswissenschaft wurden globale Bildungsfragen lange jenseits eines „Mainstreams" bearbeitet. Spätestens seit den PISA-Studien und anderen internationalen Vergleichsstudien hat sich der Blick zwar geweitet, das Aufnehmen einer globalen Perspektive in der Bildungsdiskussion geht dennoch relativ langsam vor sich. Dabei gibt es seit langer Zeit eine Tradition des Globalen Lernens und der Bildung für nachhaltige Entwicklung (BNE) und – spätestens seit den 90er-Jahren – vielfältige sozialwissenschaftliche Diskussionen zur Auseinandersetzung mit international vernetzten und beeinflussten Systemen, Strukturen, Prozessen und Handlungen.[1]

In sozialwissenschaftlichen Diskursen wird seit den 90er-Jahren das Phänomen der Globalisierung angesprochen. Dabei handelt es sich vordergründig um einen Prozess der Vertiefung und Ausweitung gesellschaftlicher Arbeitsteilung. Die wissenschaftliche Diskussion um die damit verbundenen Phänome hat sich inzwischen ausdifferenziert. So gibt es eigene Debatten in den Kultur- und Sozialwissenschaften insgesamt, der Soziologie, der Politikwissenschaft, der Wirtschaftswissenschaft, der Religionswissenschaft, der Literaturwissenschaft, der Rechtswissenschaft usw.[2] Bei den damit verbundenen Entwicklungen handelt es sich allerdings nicht nur um völlig neue Phänomene. Weltweiter Handel ist bis zur Seidenstraße zurück verfolgbar und der Kolonialismus hat vielfältige (auch Gewalt-) Beziehungen geschaffen. Die Geschichtswissenschaft widmet sich seit einigen Jahren verstärkt einer „Archäologie der Globalisierung".[3]

Inzwischen kann allerdings davon ausgegangen werden, dass eine andere Qualität in der internationalen Verbindung von Ökonomien und Gesellschaften vorliegt, die Anthony Giddens wie folgt kennzeichnet. Wir beobachten eine „[…] Intensivierung weltweiter sozialer Beziehungen, durch die entfernte Orte in solcher Weise miteinander verbunden werden, dass Ereignisse am einen Ort durch Vorgänge geprägt werden, die sich an einem viele Kilometer entfernten Ort abspielen und umgekehrt […]".[4]

Die mit dem Begriff der Globalisierung gekennzeichneten Prozesse und Strukturen betreffen inzwischen fast alle Lebensbereiche. Der technische Fortschritt mit seinen vielfältigen Wirkungen hat ein weltweit verteiltes Arbeiten in vielen Bereichen möglich gemacht. Eine Politik der politischen und wirtschaftlichen Deregulie-

---

[1] Vgl. Overwien, Bernd/Rathenow, Hanns-Fred (Hg.): Globalisierung fordert politische Bildung. Opladen 2009.

[2] Vgl. Niederberger, Andreas/Schink, Philipp (Hg.): Globalisierung. Ein interdisziplinäres Handbuch. Stuttgart 2011.

[3] Vgl. Ette, Ottmar: Alexander von Humboldt und die Globalisierung. Frankfurt a. M./Leipzig 2009, S. 36 ff.

[4] Giddens, Anthony: Konsequenzen der Modernen. Frankfurt a. M. 1995, S. 85.

rung, die durchaus ambivalent zu sehende Freiräume eröffnet hat, hat gleichzeitig politische Handlungsrahmen neu definiert.[5] Allerdings, dies sollte nicht vergessen werden, ist der Zutritt zu Märkten nach wie vor nicht gerecht. Industrieländer entscheiden immer noch eher allein über etwa eine Subventionspolitik in den USA oder Europa, mit tragischen Konsequenzen etwa für afrikanische Bauern. Trotz aller auch notwendigen kritischen Anfragen kann festgehalten werden, dass Globalisierung heute eine Intensivierung globaler Verflechtungen in Ökonomie, Ökologie und in den Arbeitsbeziehungen bedeutet. Dies hat Rückwirkungen auf den Umgang mit sozialen Fragen und wirkt sich auch in der kulturellen Begegnung aus. Lokale oder regionale anthropogene Handlungen haben vielfach weltweite Auswirkungen. Globalisierung als Begriff betrifft das „[…] Grenzenloswerden alltäglichen Handelns in den verschiedenen Dimensionen der Wirtschaft, der Information, der Ökologie, der Technik, der transkulturellen Konflikte und Zivilgesellschaft"[6].

Nationale politische Handlungsmöglichkeiten verändern sich dadurch erheblich. Parlamente, Regierungen, Gewerkschaften und Arbeitnehmervertretungen stehen ebenso wie international tätige Unternehmen vor neuen Herausforderungen. Bei Unternehmen stellen sich Fragen ethisch vertretbaren Handelns ganz besonders, wenn man an die weltweit extrem ungleichen Arbeitsbedingungen und den vielfachen Missbrauch von Arbeitsrechten denkt. Ein politisch eingriffsfähiger und eingreifender Bürger muss sich heute stärker als je zuvor mit einem weltweiten Prozess des Ineinandergreifens ökonomischer, politischer und sozialer Realitäten und Aktivitäten auseinandersetzen. Dabei spielt auch interkulturelle Diversität eine wichtige Rolle. In diesem Rahmen müssen auch Ethnozentrismus und Rassismus thematisiert werden, um auch auf der sich vervielfachenden Ebene der menschlichen Begegnung zu menschenrechtlich verantwortbarem Verhalten zu kommen. In berufsförmiger Arbeit und in zivilgesellschaftlichen Prozessen aktive Menschen werden sich mehr und mehr mit Komplexitätsproblemen auf inhaltlicher wie struktureller Ebene auseinandersetzen müssen. Daraus resultieren weitere Anforderungen an das Bildungssystem. Globales Lernen und BNE haben dies seit Langem aufgegriffen und bearbeitet.

Wie grundsätzlich die Anforderungen sind, zeigt ein Blick auf die Studie „Fair Future". Ein Zunehmen weltweiter Gerechtigkeit könne nur erreicht werden, wenn das westliche Wachstumsdenken überwunden werde. Auf der Grundlage bekannter Wachstumsparadigmen sei ein Aufschließen ärmerer Länder zu den reicheren Ländern nicht möglich. Deshalb „[…] steht die Entwicklung an einem Scheideweg: Entweder bleibt die Mehrheit der Welt vom Wohlstand ausgeschlossen oder das Wohlstandsmodell wird so umgestaltet, dass alle daran teilnehmen können, ohne

---

[5]   Vgl. Woyke, Wichard: Globalisierung und Politik. In: Gerhard Breit/Peter Massing (Hg.): Politik im Politikunterricht. Wider den inhaltsleeren Politikunterricht. Schwalbach/Ts. 2007, S. 76-86, hier: S. 76 f.

[6]   Beck, Ulrich: Politik der Globalisierung. Frankfurt a. M. 1998, S. 44.

den Planeten ungastlich zu machen. Es geht um die Wahl zwischen globaler Apartheid und globaler Demokratie."[7]

Zur Geschichte globalen Lernens und der Bildung für nachhaltige Entwicklung

Seit langer Zeit gibt es Bildungsansätze, die aus verschiedenen Richtungen die Komplexität globaler Fragen bearbeiten. Globales Lernen bearbeitet Probleme und Perspektiven weltweiter Entwicklung aus erziehungswissenschaftlicher und/oder didaktischer Perspektive. Dabei werden Chancen eines gemeinsamen Handelns von Süd und Nord oder, in traditioneller Begrifflichkeit ausgedrückt, von Entwicklungs- und Industrieländern thematisiert. Globales Lernen ist dabei Stück für Stück zu einem besonders akzentuiertem Zugang zu BNE geworden.[8] Der Begriff des Globalen Lernens wird seit den neunziger Jahren zunehmend verwendet. Das dahinterliegende Theorie- und Praxisfeld speist sich aus einer Reihe von Wurzeln: Entwicklungspolitische Bildung, Friedenspädagogik, Menschenrechtsbildung, interkulturelle Pädagogik, Ökopädagogik und ökumenisches Lernen.[9] In der Bildungspraxis wird zumeist von Schlüsselproblemen ausgegangen, um damit der Komplexität global vernetzter Gesellschaften adäquat begegnen zu können. Im Mittelpunkt steht die Vermittlung einer globalen Perspektive des Denkens, Urteilens, Fühlens und Handelns, wobei meist handlungsorientiertes, ganzheitlich und partizipativ angelegtes Lernen praktiziert werden soll.

Zwar waren auch Vertreter der Umweltbildung und Ökopädagogik an der Entwicklung des Globalen Lernens beteiligt, die Hauptströmungen der Umweltbildung entstanden aber eher separat davon. Das Konzept der nachhaltigen Entwicklung führte, spätestens nach der UN Konferenz für Umwelt und Entwicklung in Rio 1992, beide Bereiche Stück für Stück zusammen.

Das Konzept nachhaltiger Entwicklung – verstanden als „eine Entwicklung, die die Bedürfnisse der Gegenwart befriedigt, ohne zu riskieren, dass künftige Generationen ihre eigenen Bedürfnisse nicht befriedigen können"[10] – bot Integrationspotentiale. Die in Rio verabschiedete Agenda 21 differenzierte die einzelnen Aspekte eines notwendigen Wandels, der ja nichts weniger als die Rettung der Lebensbedingungen auf der Erde zum Ziel hatte und hat. Es geht dabei um dauerhafte Strategien zur Lösung der Umweltkrise und der Probleme weltweiter Ungleichheit. Kapitel 36 der Agenda enthält Anforderungen an Bildungssysteme. Als entscheidend wird ein

---

[7] Hennicke, Peter: Vorwort. In: Wuppertaler Institut für Klima, Umwelt, Energie (Hg.): Fair Future. Ein Report des Wuppertaler Instituts. Begrenzte Ressourcen und globale Gerechtigkeit. München 2005, S. 9-12, hier: S. 10.

[8] Michelsen, Gerd/Overwien, Bernd: Bildung für nachhaltige Entwicklung. In: Otto, Hans-Uwe/Coelen, Thomas (Hg.): Grundbegriffe der Ganztagsbildung. Das Handbuch. Wiesbaden 2008, S. 299-307.

[9] Vgl. Overwien/Rathenow 2009; Koerrenz, Ralf: Ökumenisches Lernen. Gütersloh 1994.

[10] Hauff, Volker: Unsere gemeinsame Zukunft. Der Brundtland-Bericht der Weltkommission für Umwelt und Entwicklung. Greven 1987, S. 46.

globaler Mentalitätswandel gesehen, bei dem es auf neue Wissensbestände und -
formen und veränderte Normen und Wertvorstellungen ankomme. Das Leitbild einer nachhaltigen Entwicklung erfordere in der Bildung die inhaltliche Auseinandersetzung mit dem ethischen Anspruch der inter- und intragenerationellen Gerechtigkeit.[11]

In Deutschland wird innerhalb der BNE das Ziel der Gestaltungskompetenz
zentral genannt.[12] Gefördert werden solche Kompetenzen, die Menschen empathie-
fähig, kooperations- und aushandlungsfähig und mutig für eigenes Handeln auch auf
neuen Wegen machen. Auch der kritische Umgang mit ethischen Fragen gehört
zum Kompetenzkonzept dazu. BNE führt zur Gestaltungskompetenz, wenn voraus-
schauendes Denken, Problem lösendes Verhalten erlernt und dabei Wissen aus unterschiedlichen Bereichen zugänglich gemacht und als fruchtbar für Problemlösungen erfahren wird.

Während die BNE ein eher übergreifender Ansatz ist, gibt es verschiedene, zwar
ähnliche, aber unterschiedlich akzentuierte Zugänge zum Globalen Lernen. So diskutiert Christel Adick, anknüpfend an internationale Debatten, wie Globales Lernen
nicht nur Reaktion, sondern Antwort auf Globalisierungsprozesse sein und wie das
Phänomen der Globalisierung unterrichtlich bearbeitet werden kann.[13]

Beim Phänomen der Globalisierung in den Bereichen Ökonomie, Politik und
Kultur hinterfragt sie kritisch, inwieweit von einer „Weltkultur" gesprochen werden
kann, für die sie allerdings Anzeichen sieht.[14] Kritisch beleuchtet wird auch der Begriff des Globalen Lernens mit seinen verschiedenen internationalen Wurzeln und
Begrifflichkeiten. Mit dem Ziel einer didaktischen Kriterienbildung schreibt die Au-
torin dem Begriff des Globalen Lernens die Rolle eines Oberbegriffes für verschiedene Ansätze „mit weltbürgerlichen Perspektiven"[15] zu. Globales Lernen ist danach
als

> „Oberbegriff für alle jenen didaktischen Bemühungen zu sehen, die sich auf die Im-
> plementation und Strukturierung solcher Unterrichtsgegenstände richten, deren Fokus
> die gesamtmenschheitliche Lebenspraxis darstellt. Curricula und Unterricht in einem
> nationalstaatlich organisierten öffentlichen Schulsystem haben demzufolge – empha-
> tisch pointiert – nicht mehr oder jedenfalls nicht mehr ausschließlich die Tradierung
> (vermeintlicher oder realer) ‚nationaler Kulturgüter' zum Ziel, sondern müssen (auch)
> einen Beitrag zur Heranbildung zukünftiger Weltbürger leisten"[16].

Adick zählt Friedenserziehung, interkulturelles Lernen, Menschenrechtserziehung,
entwicklungspolitische Bildung und Umweltbildung zum Kernbereich Globalen

---

[11] Vgl. Michelsen/Overwien 2008.

[12] De Haan, Gerhard/Harenberg, Dorothee: Bildung für eine nachhaltige Entwicklung. Gutachten zum
      Programm. Heft 72. BLK (Bund-Länder-Kommission für Bildungsplanung und Forschungsförde-
      rung). Bonn 1999.

[13] Adick, Christel: Ein Modell zur didaktischen Strukturierung des Globalen Lernens. In: Bildung und
      Erziehung 55 (2002), S. 397-416, hier: S. 397 f.

[14] A. a. O., S. 398.

[15] A. a. O., S. 399.

[16] Ebd.

Lernens.[17] Es gehe dabei nicht lediglich um „Affirmation weltgesellschaftlicher Bedingungen", sondern um aktive und kritische Aufarbeitung innerhalb der Allgemeinbildung und um mehr Handlungspotenzial.[18]

Klaus Seitz öffnet mit seiner Arbeit den Blick auf Globales Lernen auf eine bisher kaum mehr erreichte Weise. Sein Anliegen ist die Entwicklung einer weltgesellschaftlich fundierten Bildungstheorie mit einer dieser Perspektive entsprechenden Didaktik des Globalen Lernens. Im Kern diskutiert er die Frage,

> „welche sozialwissenschaftlichen Theorien und gesellschaftstheoretischen Modelle zur Verfügung stehen, um den globalen sozialen Wandel zu interpretieren und inwieweit dergleichen Globalisierungs- und Weltgesellschaftsmodelle in dieser Phase des Umbruchs Eckdaten und Hilfestellungen für eine überfällige pädagogische Auseinandersetzung zu geben vermögen"[19].

Dabei verfolgt er den Anspruch einer gesellschaftstheoretischen Grundlegung der Didaktik Globalen Lernens.[20] Seitz problematisiert zunächst Herausforderungen an pädagogisches Vorgehen. Dabei verweist er auf Defizite einer auf nationale Bildungssysteme bezogenen und damit im globalen Kontext perspektivisch eingeschränkten Erziehungswissenschaft. Dies macht er vor allem an Schriften der eher geisteswissenschaftlich ausgerichteten Teile der Pädagogik fest.[21] Der Autor zeichnet dann die Entwicklung des Globalen Lernens in Deutschland nach. Er stellt fest, dass dieses Konzept erst relativ spät zu uns findet. Außerdem fehle es an weiterreichenden didaktischen Theorieansätzen.[22] Als Voraussetzung eigener Überlegungen zeichnet er ausführlich Debatten aus Politikwissenschaft, Soziologie, Philosophie und Evolutionstheorie nach und typologisiert auf Weltgesellschaft und Globalisierung zielende theoretische Ansätze. Er legt Luhmanns Systemtheorie bei seiner Untersuchung des Globalisierungsphänomens zugrunde und ergänzt die Begrenzungen der systemtheoretischen Sicht (dieser Prägung) um handlungstheoretische Elemente. Seitz diskutiert verschiedene Kompetenzmodelle und entwickelt im Rahmen exemplarischen Erfahrungslernens eine gewisse Nähe zum Ansatz von Negt und dessen Schlüsselqualifikationskonzept. Oskar Negt hat aus der Unmöglichkeit, einen kanonisierten und allseits akzeptierten Bildungskatalog mit den wichtigsten Gegenwartsproblemen und Zukunftsaufgaben zu konstruieren, folgende Konsequenz gezogen:

„Nur exemplarische Lösungen des Zusammenhangsproblems sind noch möglich [...]. Gegenüber der erdrückenden Macht der Einzelinformationen, die technisch beliebig kombiniert werden können, ist die Verarbeitungsfähigkeit, das Vermögen der qualifizierten Gewichtung, der Aufdeckung ihrer Kulturbedeutung, ihres konkreten

---

17 A. a. O., S. 400.
18 A. a. O., S. 401 f.
19 Seitz, Klaus: Bildung in der Weltgesellschaft. Gesellschaftstheoretische Grundlagen Globalen Lernens. Frankfurt a. M. 2002, S. 453.
20 A. a. O., S. 27.
21 A. a. O., S. 19.
22 A. a. O., S. 25.

Zusammenhangs zum eigenen Leben zum Hauptproblem des heutigen Bildungs- und Lernbegriffs geworden."[23]

Er schlägt sechs „Kompetenzen" vor, die ihm „als gesellschaftliche Schlüsselqualifikationen" dringend notwendig erscheinen; sie können sich eignen, Wesenszusammenhänge der heutigen Welt zu erkennen und die bestehende Wirklichkeit unter dem Gesichtspunkt ihrer notwendigen Umgestaltung der praktischen Kritik zu unterziehen.

Im Rahmen einer Publikation für „Brot für die Welt" leiten Scheunpflug und Schröck[24] zunächst in das Themenfeld ein, indem sie sich mit Lernen und Komplexität auseinandersetzen. Sie weisen auf zwei Möglichkeiten des Zugriffs auf komplexer werdende globale Realitäten hin. Eine davon ist eine Reduktion der Komplexität der Lerngegenstände, die zweite eine Erweiterung und Steigerung der Fähigkeit der Lernenden, mit Komplexität umzugehen. Bildung bedeutet dabei „auf viele Lebenssituationen vorzubereiten" und entsprechend grundlegende Kompetenzen zu fördern.

Die Autoren liefern einen Überblick über die deutschsprachigen Diskurse zum Globalen Lernen. Dabei sprechen sie das im Grundschulbereich verbreitete Konzept Schmitts an,[25] skizzieren Tremls Ansatz einer weltbürgerlichen Erziehung und dessen Weg zu evolutionstheoretischen Perspektiven,[26] geben einen Überblick über Bühlers Konzept eines inklusiven Denkens und nehmen Führings erfahrungsgeleiteten Ansatz auf.[27] Auch der wichtige Beitrag des Schweizer Forums „Schule für eine Welt" mit den Leitideen Globalen Lernens und die Beiträge der Friedenspädagogik werden dargestellt. Die Autoren kennzeichnen Globales Lernen als in einem Feld befindlich, „zwischen Globalisierung und lokalen Handlungsmöglichkeiten, Komplexität und notwendiger Reduktion, Ungewissheit und dem Bedürfnis nach Sicherheit, Zukunftsorientierung und [...] dem Erlernen sozialer Fähigkeiten und Wissenserwerb"[28].

Mit Blick auf BNE und sprechen sich die Autoren aus didaktischer Perspektive gegen einen festen Themenkanon aus:

> „In Konzepten Globalen Lernens macht es kaum noch Sinn, einen fest umrissenen Themenkanon präsentieren zu wollen. In einer eng vernetzten und globalisierten Weltgesellschaft kann an vielen gesellschaftlichen Themen über diese Weltgesellschaft gelernt werden. Themen Globalen Lernens sind die Themen, die sich mit Überlebens-

---

[23]   Negt, Oskar: Wir brauchen eine zweite, eine gesamtdeutsche Bildungsreform. In: Negt, Oskar (Hg.): Die zweite Gesellschaftreform. 27 Plädoyers. Göttingen 1994, S. 276-290.

[24]   Scheunpflug, Annette/Schröck, Nikolaus: Globales Lernen. Einführung in eine pädagogische Konzeption zur entwicklungsbezogenen Bildung. Stuttgart 2000.

[25]   Schmitt, Rudolf (Hg.): Dritte Welt in der Grundschule. Frankfurt a. M. 1989.

[26]   Treml, Alfred K.: Möglichkeiten und Grenzen menschlichen Lernens im Kontext der Weltgesellschaft – aus evolutionstheoretischer Sicht. In: Scheunpflug, Annette/Hirsch, Klaus (Hg.): Globalisierung als Herausforderung an die Pädagogik. Frankfurt a. M. 2000, S. 27-44.

[27]   Führing, Giesela: Das Globale Klassenzimmer. Beiträge zu einem Wettbewerb. Münster 2003.

[28]   Scheunpflug/Schröck 2000, S. 15.

problemen von Menschen befassen und diese werden je nach Zeit- und Kulturkontext unterschiedlich sein."[29]

Ein didaktischer Würfel als Modell der Inhaltsauswahl Globalen Lernens symbolisiert drei Handlungsebenen mit Untergliederungen auf den Achsen einer räumlichen Dimension, einer Achse mit dem „Thema globale Gerechtigkeit" und einer weiteren, die „Kompetenzen" genannt wird. Die Verbindung der Ebenen führe zu Globalem Lernen, das Berühren nur einer Ebene sei ein partikularistisches Herangehen. So erfülle beispielsweise ein Projekt „Indien mit allen Sinnen erfahren" die Kriterien nicht, weil es zwar Empathie schaffe und Aspekte einer anderen Kultur erschließe, aber nicht zum Begreifen von Komplexität führe.[30] Allerdings mutet in diesem Modell von den begrifflichen Relationen her etwas unglücklich an, dass sie der allgemein gefassten Kategorie „Thema globale Gerechtigkeit" die Unterbereiche Entwicklung, Umwelt, Interkulturalität und Frieden als weitere thematische Ebenen zuordnen, die hier dann doch normativ überformt werden. Zwar ist hier durchaus Übereinstimmung mit dem Leitbild nachhaltiger Entwicklung zu sehen, dennoch sollte der didaktische Zugang eher problembezogen sein und nicht normativ vorgegeben. Der hier skizzierte Ansatz wird von Asbrand und Scheunpflug weiterentwickelt. Hier steht vor allem auch eine Unterscheidung zwischen eher handlungsorientierten Ansätzen Globalen Lernens und systemtheoretischen Herangehensweisen im Mittelpunkt. Diskutiert wird zentral der Umgang mit Komplexität.[31]

Selby und Rathenow greifen auf einen in Großbritannien und Kanada entwickelten Ansatz Globalen Lernens zurück, der die Konzeption von „Global Education" als Ausdruck eines ganzheitlichen, ökologischen, systemischen Paradigmas sieht.[32] Globales Lernen betont hier die Verflechtungen des Zusammenlebens zwischen Menschen, aber auch die zwischen Mensch und Natur auf personaler, kommunaler, nationaler und globaler Ebene. Integriert werden die vielfältigen Vernetzungen zwischen gesellschaftlich-kulturell entwickelten Phänomenen und naturgegebenen, vor dem Hintergrund ihrer vergangenen, gegenwärtigen und zukünftigen Bedeutung. Alle Dimensionen des Menschen, alles Kognitive, Affektive, Körperliche und Spirituelle sowie die Prozesse des Denkens, Fühlens und Handelns sollen gleichermaßen beachtet werden. Methodisch werden experimentelle, interaktive, schülerorientierte und auf Veränderung gerichtete partizipatorische Methoden favorisiert.

Globales Lernen ist hier nicht nur eine überfachliche bzw. fächerübergreifende curriculare Konzeption, sondern auch eine Philosophie des Lehrens und Lernens, eine pädagogische Grundhaltung, die zu den Fundamenten der Allgemeinbildung beiträgt. Sie wird als Element einer transformatorischen Pädagogik gesehen. Wenn allerdings betont wird, dass die Herangehensweise in der Lage sei, die Schülerinnen

---

[29] A. a. O., S. 16.
[30] A. a. O., S. 18.
[31] Asbrand, Barbara/Scheunpflug, Annette: Globales Lernen. In: Sander, Wolfgang (Hg.): Handbuch politische Bildung. 3. überarb. Auflage. Schwalbach/Ts. 2005, S. 469–484.
[32] Vgl. Selby, David/Rathenow, Hanns-Fred: Globales Lernen. Praxishandbuch für die Sek. I und II. Berlin 2003, S. 15 ff.

und Schüler selbst zu verändern, in ihrem Verhältnis zu sich selbst, zu anderen Menschen, in ihrer Sicht auf die Welt und in ihrem ganz praktischen Verhalten gegenüber dem, was mit „Umwelt" bezeichnet wird, deuten sich etwas zu starke Betonungen der Steuerung an. Schülerinnen und Schüler verändern sich allenfalls selbst, mit Anregungen, die sie aufnehmen oder auch nicht. Jungen Menschen, so wird es im Folgenden dann im Sinne einer subjektorientierten Pädagogik angemessener ausgedrückt, erwerben durch diesen Ansatz aber auch Qualifikationen, die sie in die Lage versetzen, verändernd auf ihre politischen und gesellschaftlichen Lebensbedingungen einzuwirken und nicht nur blind zu akzeptieren, was ihnen sozial und politisch „vererbt" wurde. Die damit verbundene pädagogische Praxis kann zur Realisierung der vier Leitideen des Schweizer Forums „Schule für eine Welt" beitragen: „Bildungshorizont erweitern, [...] Identität reflektieren – Kommunikation verbessern, [...] Lebensstil überdenken [...] und Verbindung von lokal und global [...] handelnd gestalten".[33]

Deutliche Differenzen zu anderen Ansätzen Globalen Lernens bestehen in einer nicht anthropozentrischen, also am Menschen orientierten Sicht, sondern in einem biozentrischen Herangehen.[34] Das Transformatorische in diesem Ansatz ist auch so gemeint, dass der Übergang von der derzeitigen industrie-, markt- und konsumorientierten Welt hin zu einer „ökologischen" Welt unterstützt werden soll.

Dem Ansatz liegt ein vierdimensionalen Modell Globalen Lernens zugrunde, das ursprünglich von Pike und Selby (1988) entwickelt worden ist.[35] Es enthält die Dimensionen des Raumes (spatial dimension), der Themen und Inhalte (issues dimension), der Zeit (temporal dimension) als so genannte äußere Dimensionen sowie die Dimension des Inneren (inner dimension) in dynamischen Beziehungen zueinander. Die Dimension des Raumes spricht die mannigfaltigen Interdependenzen auf intra- und interpersonaler, lokaler, regionaler, nationaler, internationaler und globaler Ebene an. Im Rahmen der Dimension der Themen und Inhalte erfahren Schülerinnen und Schüler, dass die Schlüsselthemen und -probleme unserer Zeit miteinander vernetzt und nicht bedeutungslos als ein Nebeneinander von Problemen zu sehen sind. Die Dimension der Zeit beschreibt als Einheit, was wir gewöhnlich als getrennt voneinander wahrnehmen: Vergangenheit, Gegenwart und Zukunft stellen sich vielfach als abgegrenzte Phasen in linearer chronologischer Abfolge dar.

Während die bisher genannten drei Dimensionen als äußere Dimensionen bezeichnet werden können, sieht die vierte Dimension nach innen und berücksichtigt die Vernetzung unserer Bewusstseinsebenen, unseres Denkens, Fühlens und Handelns mit der Welt, die uns umgibt und von der wir ein Teil sind.

Auf der Grundlage des vierdimensionalen Modells Globalen Lernens werden folgende Zielvorstellungen gesehen:

---

[33] Forum „Schule für eine Welt" (Hg.): Globales Lernen in der Schweiz. Eine Studie zum Stand, zu den Erwartungen und Perspektiven des Globalen Lernens in der Schweiz. Jona 1995, S. 9 f.

[34] Vgl. Selby/Rathenow 2003.

[35] Vgl. Pike, Graham/Selby, David: Global Teacher, Global Learner. Toronto 1988.

- Systembewußtsein entwickeln („system's consciousness"),
- Perspektivbewußtsein fördern („perspective consciousness"),
- Bereitschaft, Verantwortung für die Erhaltung des Planeten zu übernehmen („health of planet awareness"),
- Bewusstsein universellen Beteiligtseins fördern und Bereitschaft entwickeln, Verantwortung zu übernehmen („involvement consciousness and preparedness"),
- Aufgeschlossenheit für neue Entwicklungen anbahnen („process mindedness").[36]

Orientierungsrahmen für den Lernbereich globale Entwicklung

Seit 2007 entwickelte eine Arbeitsgruppe der Kultusministerkonferenz (KMK) mit Unterstützung des Bundesministeriums für wirtschaftliche Zusammenarbeit und Entwicklung (BMZ) einen „Orientierungsrahmen für den Lernbereich globale Entwicklung". In der Nachfolge einschlägiger KMK-Empfehlungen für Curricula der Schule wurde nun ein umfassender Gestaltungsvorschlag vorgelegt. Der Orientierungsrahmen greift dabei auf Traditionen des Globalen Lernens zurück und orientiert sich am Leitbild nachhaltiger Entwicklung. Hierbei wird ein eigenes Kompetenzkonzept vorgelegt, dass in vielerlei Hinsicht Ähnlichkeiten mit den Gestaltungskompetenzen der BNE aufweist. Während Globales Lernen kein eigenes Kompetenzkonzept hat, wurde in der BNE schon früh an Kompetenzkonzepten gearbeitet. Gestaltungskompetenz der BNE bezieht sich auf einschlägige OECD-Diskussionen und beschreibt die Fähigkeit, „die Zukunft von Sozietäten, in denen man lebt, in aktiver Teilhabe im Sinne nachhaltiger Entwicklung modifizieren und modellieren zu können".[37]

Es geht um eine „mehrdimensionale Kompetenzstruktur, die den Menschen zur Kommunikation und Kooperation in einem komplexen und dynamischen gesellschaftlichen und natürlichen Umfeld befähigt"[38]. Dabei geht es nicht nur um bloße Reaktion auf Problemlagen, sondern um die Fähigkeit, „Zukunft selbstbestimmt gestalten zu können." Die Notwendigkeit des Erwerbs von Gestaltungskompetenz wird dabei sowohl aus dem Leitbild der nachhaltigen Entwicklung, als auch bildungstheoretisch begründet.[39]

---

[36] Ausführlich zum Ansatz: Selby/Rathenow 2003, Overwien/Rathenow 2009, S. 122.

[37] De Haan/Harenberg 1999.

[38] De Haan, Gerhard/Seitz, Klaus: Kriterien für die Umsetzung eines internationalen Bildungsauftrages. Bildung für eine nachhaltige Entwicklung (Teil 1). In: Zeitschrift „21 – Das Leben gestalten lernen", H. 1 (2001), S. 58-66.

[39] A. a. O., S. 60.

Das Konzept der Gestaltungskompetenz umfasst folgende Teilkompetenzen:[40]

* weltoffen und neue Perspektiven integrierend Wissen aufbauen,
* vorausschauend denken und handeln,
* interdisziplinär Erkenntnisse gewinnen und handeln,
* Risiken, Gefahren und Unsicherheiten erkennen und abwägen können,
* gemeinsam mit anderen planen und handeln können,
* Zielkonflikte bei der Reflexion über Handlungsstrategien erkennen und berücksichtigen können,
* an Entscheidungsprozessen partizipieren können,
* andere motivieren können, aktiv zu werden,
* die eigenen Leitbilder und die anderer reflektieren können,
* Vorstellungen von Gerechtigkeit als Entscheidungs- und Handlungsgrundlage nutzen können,
* selbstständig planen und handeln können,
* Empathie und Solidarität für Benachteiligte zeigen können.

Gestaltungskompetenz beinhaltet also Kompetenzen, die eine zukunftsweisende und eigenverantwortliche Mitgestaltung einer nachhaltigen Entwicklung ermöglichen sollen. Es geht im Sinne nachhaltiger Entwicklung um visionäre und innovative Lebensentwürfe, die sich von bestehenden, eingeschliffenen Gewohnheiten und Denkansätzen abheben. Bildung für eine nachhaltige Entwicklung (BNE) hat das Ziel, „Möglichkeiten zu offerieren, Gestaltungskompetenz zu erwerben"[41]. Mit diesem Verständnis wird deutlich, dass das Nachhaltigkeitspostulat nur durch die aktive Gestaltung durch entsprechend kompetente Bürger zu realisieren ist.

Der Orientierungsrahmen hat zunehmenden Einfluss auf die Gestaltung aktueller Curricula hinsichtlich der Integration globaler Perspektiven. Der Rahmen ist zwar insgesamt kein kohärentes Papier. Er ist ein bildungspolitisches Papier, das verschiedene Denkströmungen und politische Muster abbildet. Nur auf diese Weise dürften Veränderungen im Bildungsbereich zu erreichen sein. Er beschreibt die Problemlagen globaler Entwicklungen, die ausgehend von den Zielen nachhaltiger Entwicklung auch an entwicklungspolitischen Fragen entlang vorgetragen werden. Vor diesem Hintergrund wird ein „Lernbereich Globale Entwicklung" umrissen, der dann den Hintergrund für Themenfelder und Kompetenzen liefert.[42] Dann werden

---

[40] De Haan, Gerd: Gestaltungskompetenz als Kompetenzkonzept für Bildung für nachhaltige Entwicklung. In: Bormann, Inka/De Haan, Gerd (Hg.): Kompetenzen der Bildung für nachhaltige Entwicklung. Operationalisierung, Messung, Rahmenbedingungen, Befunde. Wiesbaden 2008, 32; Transfer-21: Gestaltungskompetenz Lernen für die Zukunft – Definition von Gestaltungskompetenz und ihrer Teilkompetenzen. Berlin (o. J.), siehe: http://www.transfer-21.de/index.php?p=222 (Zugriff am: 25.07.2013).

[41] De Haan/Seitz 2001.

[42] KMK/Kultusministerkonferenz: Gemeinsames Projekt der Kultusministerkonferenz (KMK) und des Bundesministeriums für wirtschaftliche Zusammenarbeit und Entwicklung (BMZ). Orientierungsrahmen für den Lernbereich Globale Entwicklung im Rahmen einer Bildung für nachhaltige Entwicklung. Bonn 2007, siehe: http://www.kmk.org/fileadmin/veroeffentlichungen_

„Entwicklungsdimensionen" und „Handlungsebenen" beschrieben, die an die Dimensionen nachhaltiger Entwicklung des Rio-Prozesses anschließen: Soziale Gerechtigkeit, wirtschaftliche Leistungsfähigkeit, ökologische Nachhaltigkeit.[43] Das Kompetenzkonzept des Papiers bezieht sich auf die relevanteren aktuellen Diskussionen, wird dann in den Fächerteilen des Rahmens aufgenommen und mit domänenspezifischen Kompetenzkonzepten der Fächer verbunden.[44]

Mit dem Orientierungsrahmen soll die Bearbeitung globaler Prozesse in den Schulfächern verankert werden. Asbrand/Scheunpflug[45] konstatieren dazu, dass sich hier für Globales Lernen, als nicht etabliertes Arbeitsfeld im Rahmen der Reformen hin zu Bildungsstandards und Leistungsuntersuchungen, eine wichtige Wegmarke zeigt. Dies dürfte insofern stimmen, dass der Orientierungsrahmen der verstärkten Institutionalisierung Globalen Lernens dient. Dabei wird der „Lernbereich Globale Entwicklung" nicht wie ein integrativer Lernbereich im klassischen Sinn gesehen, der verschiedene Fächer zusammen führt, weil er „[…] aufgrund eines eigenen, fächerübergreifenden Gegenstandsbereichs und eines spezifischen Weltzugangs sowie einer jahrzehntelangen Entwicklung als Eine-Welt- bzw. entwicklungspolitische Bildung oder Globales Lernen wesentliche Merkmale einer Domäne aufweist."[46]

Vor diesem Hintergrund wird ein eigenes Kompetenzmodell entwickelt, das sich auf die Dimensionen des Leitbildes der nachhaltigen Entwicklung bezieht. Die Kompetenzbereiche des Lernbereichs Globale Entwicklung sind anschließend an die Struktur der Bildungsstandards der KMK für den Mittleren Schulabschluss gegliedert: Erkennen, Bewerten, Handeln. Bei der Formulierung der Kernkompetenzen des Lernbereichs Globale Entwicklung wird einerseits auf das Konzept der Schlüsselkompetenzen der OECD zurückgegriffen, andererseits spiegeln sich hier Leitideen des Globalen Lernens und darüber hinaus wesentliche Elemente der Diskussion um Kompetenzen für eine Bildung für nachhaltige Entwicklung. Die folgenden Kernkompetenzen werden genannt:[47]

Erkennen
1. Informationsbeschaffung und -verarbeitung
2. Erkennen von Vielfalt
3. Analyse des globalen Wandels
4. Unterscheidung gesellschaftlicher Handlungsebenen

Bewerten
5. Perspektivenwechsel und Empathie
6. Kritische Reflexion und Stellungnahme

---

beschluesse/2007/2007_06_00_Orientierungsrahmen_Globale_Entwicklung.pdf (Zugriff am: 31.01.2013), S. 24 ff.
[43] A. a. O., S. 29.
[44] Vgl. KMK 2007.
[45] Asbrand/Scheunpflug 2005, S. 478 f.
[46] KMK 2007, S. 71.
[47] A. a. O., S. 77 f.

7. Beurteilen von Entwicklungsmaßnahmen

Handeln
8. Solidarität und Mitverantwortung
9. Verständigung und Konfliktlösung
10. Handlungsfähigkeit im globalen Wandel
11. Partizipation und Mitgestaltung

Im Orientierungsrahmen wird darauf verwiesen, dass der Lernbereich Globale Entwicklung in den Curricula verschiedener Fächer mit vielfältigen Themenfeldern vertreten ist und in der Schulpraxis auch fächerübergreifend und fächerverbindend bearbeitet wird. Hier wird auch auf die langjährig praktizierten Projekte Globalen Lernens verwiesen.[48] Unter Berücksichtigung der Basiskonzepte verschiedener Fächer und unter Zugrundelegung der Zieldimensionen nachhaltiger Entwicklung erfolgt eine Zusammenstellung von Themenbereichen, die das für den Lernbereich relevante Orientierungswissen verkörpern sollen, die Dimensionen des Leitbilds der nachhaltigen Entwicklung abbilden, einen lebensweltlichen Bezug, verbunden mit globaler Weltsicht ermöglichen und unterrichtliche Praxiserfahrungen berücksichtigen sollen.

Die Liste der Themen gilt dabei als nicht abgeschlossen. Die Themenfelder werden den zu erwerbenden Kompetenzen zugeordnet. Kernkompetenzen und Themenfelder des Orientierungsrahmens werden nun auf die Bildungsbereiche Grundschule, berufliche Bildung und auf einige Fächer der Sekundarstufe I bezogen. Weitere Fächer werden derzeit einbezogen.

Globales Lernen, Bildung für nachhaltige Entwicklung und der Beutelsbacher Konsens

Besonders in der politischen Bildung gab es lange Vorbehalte gegenüber dem Globalen Lernen und BNE, was sich derzeit, angesichts der immer offensichtlicher werdenden Herausforderungen der Globalisierungsprozesse, deutlich verändert.[49] Eine Zurückhaltung gegenüber den ja schon seit langer Zeit existierenden Ansätzen wurde z. T. aus deren Normativität begründet, die dem Überwältigungsverbot des Beutelsbacher Konsens zuwiderlaufe.

Bekanntlich handelt es sich beim Beutelsbacher Konsens um eine Vereinbarung aus der politischen Bildung, die Bildung als Prozess hin zum Ziel politischer Mündigkeit sieht und dabei ein Überwältigungsverbot ausspricht. Der Konsens setzt im Lernprozess ein Kontroversitätsgebot und ein Gebot der Schüler- bzw. Teilnehmendenorientierung voraus. Kontroversität bezieht sich dabei auf alles das, was in „Wis-

---

[48] A. a. O., S. 78f.
[49] Vgl. Sander, Wolfgang/Scheunpflug, Annette (Hg.): Politische Bildung in der Weltgesellschaft. Herausforderungen, Positionen, Kontroversen. Bonn 2011.

senschaft und Politik kontrovers ist". Dabei gibt es nicht, wie zuweilen auch behauptet, ein „Toleranzgebot". Auch Lehrende haben überdies eine eigene Position, sind nicht „neutral", überwältigen aber keinesfalls andere mit ihren politischen Positionen.

Die Ansichten über den normativen Hintergrund von Grenzen des Beutelsbacher Konsens variieren ein wenig. Konsens bei der Festlegung von Grenzen dürfte aber wohl eindeutig das Menschenrechtsprinzip sein, wie es sich auch im Grundgesetz zeigt.[50] Grenzziehungen sind zuweilen notwendig, wenn man etwa an Beiträge zu Schülerdiskussionen aus dem rechtsextremistischen Feld denkt. Rechtsextreme Positionen gehören nicht zur Perspektivenvielfalt der politischen Bildung, dennoch geht es auch bei entsprechenden Äußerungen nicht um Sanktionen, sondern um Argumentation innerhalb eines möglichst sanktionsfreien Diskussionsklimas.[51] Dies ist sicher nicht einfach und hat zuweilen auch Grenzen, wenn es um Holocaustleugnung etc. geht. Es deutet sich an, dass es für Lehrende in Extremdiskussionen nicht einfach ist, Grenzen von Diskussionen zu definieren und eine Rolle anzunehmen, die gleichzeitig Kontroversität fördert.

Resümierend sind Überwältigungsverbot und Kontroversitätsgebot also keineswegs eine Einladung zu Beliebigkeit und zum toleranten Nebeneinander aller gesellschaftlich vorhandenen Anschauungen. Es geht gerade um die Lernhaltigkeit von Kontroversen, wobei Polarisierungen nicht von vornherein falsch sind, sondern durchaus den Lernprozess fördern können. Es kommt gerade auf Rede und Gegenrede an, damit eine fundierte Standortfindung möglich ist. Bildungsarbeit ist also nicht lediglich die Moderation vorgefundener lebensweltlicher Deutungen, sondern es geht um die Reflexion gesellschaftlicher Prozesse, natürlich verbunden mit der Möglichkeit, Schlussfolgerung für die eigene Position zu finden.[52]

Entsprechende Kontroversen lassen sich in den Feldern des Globalen Lernens und der BNE in größerer Anzahl leicht finden. Gleichzeitig ist der normative Rahmen, auf den sich heute alle Ansätze des Globalen Lernens beziehen, keineswegs problematisch. Das Leitbild nachhaltiger Entwicklung ist weltweit anerkannt und spiegelt sich auch im Anfang der 90er-Jahre hinzugefügten Artikel 20a des Grundgesetzes wider. Unübersehbar erscheint auch darüber hinaus die Notwendigkeit, die Dimensionen nachhaltiger Entwicklung mit in bildungspolitische Betrachtungen aufzunehmen. Beschlüsse und grundsätzliche Abkommen verschiedener Weltorganisationen – etwa der UN oder der UNESCO – weisen den Weg hin zu notwendigen integrierten und integrierenden Bildungsansätzen. Ein – im Übrigen sogar einstimmiger – Beschluss des Deutschen Bundestags aus dem Jahre 2004 zur „UN-

---

[50]　Detjen, Joachim: Politische Bildung: Geschichte und Gegenwart in Deutschland. München 2005, S. 327.

[51]　Vgl. Sander, Wolfgang: Anstiftung zur Freiheit – Aufgaben und Ziele politischer Bildung in einer Welt der Differenz. In: Overwien, Bernd/Rathenow, Hanns-Fred (Hg.): Globalisierung fordert politische Bildung. Opladen 2009, S. 49-61, hier: S. 53.

[52]　Vgl. Schillo, Johannes: Brauchen wir eine kritische politische Bildung und wenn ja, wie viele? In: Widmaier, Benedikt/Overwien, Bernd (Hg.): Was ist heute kritische politische Bildung? Schwalbach 2013, S. 249-255.

Weltdekade Bildung für eine nachhaltige Entwicklung" nimmt diese Entwicklungen auf: „[…] es (kommt) darauf an, im Sinne eines umfassenden Nachhaltigkeitsbegriffs die Interdependenz von Ökologie, wirtschaftlicher Leistungsfähigkeit und sozialer Gerechtigkeit zu verdeutlichen. Bildung muss auf vernetztes, interkulturelles Lernen abzielen […]" und auf ein „[…] Bewusstsein für die globalen Auswirkungen des eigenen Handelns […]".[53]

Insofern sollte der Rahmen klar sein, wobei allerdings etwaige Kontroversen um diesen Rahmen und innerhalb desselben Teil der Kontroversität von Bildungsprozessen sein müssen.

Boeser[54] argumentiert aus etwas anderer Perspektive mit der Schülerorientierung des Beutelsbacher Konsens als Ansatzpunkt Globalen Lernens. Gesellschaftliche Probleme könnten ohne globale Bezüge heute nicht mehr sinnvoll bearbeitet werden und hätten direkte Anschlusspunkte zur Lebensrealität junger Menschen. Deshalb sei Globales Lernen heute „unverzichtbar".

Ausblick

Begriffe wie Globalisierung oder Nachhaltige Entwicklung kennzeichnen also Prozesse, die immer mehr unsere Lebensrealität mit definieren bzw. bezogen auf Umwelt und Armut Lösungen dringender denn je erfordern. Globales Lernen und BNE bilden einen geeigneten Rahmen und umfangreiche Materialien, um die damit verbundenen Phänomene zu erschließen. Beide Bildungskonzepte sind nicht in sich geschlossen und in ihrer offen liegenden, weithin akzeptierten Normativität unmissverständlich diskutierbar. Auch wenn hier und da von einem „transformatorischen Ansatz" Globalen Lernens[55] die Rede ist, ist hier nicht Überwältigung intendiert. Es geht darum, dass die Problemlagen multiperspektivisch diskutiert und erschlossen werden sollen. Die Entscheidung, ob sie vorgeschlagenen Wegen folgen wollen, treffen sowieso die Lernenden.

In den kommenden Jahren werden globale Fragen mehr als bisher in schulischen und außerschulischen Bildungsaktivitäten bearbeitet. Schon jetzt verändern sich Curricula in diese Richtung und Nichtregierungsorganisationen bieten sich verstärkt im Rahmen einer Lernortkooperation auch dem schulischen Lernen an. Gleichzeitig entwickeln sie unzählige sehr eigene Bildungsaktivitäten nonformaler und informeller Art.[56]

---

[53]   Deutscher Bundestag: Drucksache 15/2758. 15. Wahlperiode. Berlin 2004.

[54]   Boeser, Christian: Politikdidaktik. In: Lang-Wojtasik, Gregor/Klemm, Ulrich (Hg.): Handlexikon Globales Lernen. Münster/Ulm 2012, S. 209-212.

[55]   Selby/Rathenow 2003.

[56]   Overwien, Bernd: Lernen (in)formell und Bildung (non-)formal. In: Lang-Wojtasik, Gregor/Klemm, Ulrich (Hg.): Handlexikon Globales Lernen. Münster/Ulm 2012, S. 172-175.

Das ganze Feld dieser Aktivitäten wird bisher zu wenig durch substantielle Forschung begleitet, wobei allerdings auch Ergebnisse vorliegen.[57] In Zukunft muss es auch hier darum gehen, den Kompetenzerwerb im Rahmen durchaus komplexer Bildungsprozesse forschend zu begleiten, um Fehlentwicklungen zu vermeiden. Dies gilt für innerschulische Prozesse, besonders aber auch für die Lernortkooperation mit außerschulischen Lernorten, über die nach wie vor wenig bekannt ist. Auch die Bildungsarbeit außerschulischer Träger der Jugend- und Erwachsenenbildung ist noch vergleichsweise wenig erforscht. Hier beginnt derzeit eine Diskussion über Professionalität, die der Begleitung auch im Feld Globalen Lernens bedarf.

---

[57] Vgl. Overwien, Bernd/Rode, Horst (Hg.): Bildung für nachhaltige Entwicklung. Lebenslanges Lernen, Kompetenz und gesellschaftliche Teilhabe. Opladen 2013.

ANNIKA BLICHMANN

Traditionen globaler Bildung in der Reformpädagogik

1 „Ein-Geschult": Schule im Aufbruch? Eine Einleitung

Während der letzten Wochen und Monate waren in den Medien verstärkt Diskussionsrunden, Reportagen und Berichte zu verfolgen, die sich mit unserem deutschen Schulsystem und dessen scheinbarer Misere befassen. Die Beiträge sind meist populärwissenschaftlich und hoch brisant gestaltet. Doch selten kommen hier Pädagogen oder Erziehungswissenschaftler zu Wort, stattdessen beispielsweise Philosophen oder Hirnforscher.

Dazu zum Einstieg eine Anekdote, entnommen aus einer Publikation, die im April 2013 erschien und sich derzeit auf der Spiegel-Bestsellerliste im Bereich Sachbuch befindet:

> „Wir haben ein Ritual. Wenn mein neunjähriger Sohn Oskar in der Woche morgens aufstehen muss, dann wecke ich ihn mit immer den gleichen Worten: ,Oskar, Du darfst heute in die Schule gehen …!' Und er murmelt noch schlaftrunken und nachtmüde: ,Hurra! Hurra!' […]. Warum freut Oskar sich nicht auf die Schule? Wie so viele andere ist er ein neugieriges, ungemein wissbegieriges Kind. Er liebt es, Ratespiele zu machen. […] Und er löchert mich mit Fragen nach allen Details, wenn ich ihm eine Geschichte erzähle […]. Aber in die Schule geht Oskar nicht gern." Oskar geht in eine „ganz gewöhnliche deutsche Grundschule, in der eine Lehrerin allein vor einer Klasse steht, Arbeitsblätter ausgefüllt werden, damit die Kinder grammatikalische Regeln und das Wichtigste über die Römer lernen, und man Tests schreibt, um Noten dafür zu bekommen. […] Und wer die Vorgaben am genauesten erfüllt, wird am höchsten gelobt." Begeisterung ist dabei nicht gefragt. Doch wie anders könnte Schule sein: „Eine Schule, die ein Lern-Abenteuer ist, die die Neugier entzündet, die Potentiale entfaltet und den Sinn dafür schärft, wie unendlich spannend die Welt ist. Doch wenn Oskar an die Schule denkt, […] denkt er an Langeweile und an mühseliges Stillsitzen. Für ihn ist die Schule ein Ort, an dem ein Pensum abgearbeitet wird und er als Person gar nicht richtig vorkommt."[1]

Allein beim Lesen dieses Abschnitts stellen sich Fragen wie etwa: Sollen unsere Schulen wirklich so schlecht sein? Warum gelingt es scheinbar nicht, das bereits vorhandene Interesse eines Kindes zu erhalten? Wird tatsächlich noch immer hauptsächlich auswendig gelernt, obwohl es doch zahlreiche innovative und überaus gute Ansätze gibt? War nicht einmal das preußische Bildungssystem höchst angesehen? Wie gestaltet sich die Situation in anderen Ländern? Und schließlich: Kann dieses Beispiel generalisiert und ganz einfach auf das gesamte deutsche Bildungswesen übertragen werden – dazu von einem Philosophen?

---

[1] Precht, Richard David: Anna, die Schule und der liebe Gott Der Verrat des Bildungssystems an unseren Kindern. München 2013, S. 104 f.

Die Beantwortung solcher Fragen würde ausreichen, um ein ganzes Buch zu füllen. Dieser Beitrag soll hierzu einige Impulse setzen. Gestaltet und aufgebaut ist dieser als eine Reise durch Zeit und Raum: Thema ist dabei zunächst die Erziehungswissenschaft um 1900, bevor anschließend Kritiken aus dem 21. Jahrhundert und Fragen an die Zukunft im Mittelpunkt stehen. Gleichzeitig werden die Ländergrenzen Deutschlands überschritten und das Thema auf Europa und die Welt ausgeweitet. „Globale Bildung" soll im kleinen „subjektiven" Rahmen der Schule, aber auch im großen „objektiven" Zusammenhang der Weltgesellschaft Betrachtung finden. Wie auch Henrik Simojoki in diesem Band verdeutlicht, richtet sich Globalisierung auf das Einzelne und das Ganze, sie schließt Klein und Groß ein. Dabei steht sie in einer Wechselwirkung von Lokalem und Globalem. Beide Aspekte finden auch in dem vorliegenden Beitrag Berücksichtigung.

Speziell bedeutet dies, dass sich der Hauptteil mit der „Schule des Lebens" aus Sicht eines belgischen Pädagogen des 20. Jahrhunderts – Ovide Decroly – befasst und dessen Ansätze exemplarisch in einen globalen Bezug zu einigen Vertretern der New Education Fellowship – dem internationalen Netzwerk der Reformpädagogik – stellt.

Doch vorerst zurück zu den *aktuellen* Bildungsdebatten. So wurde beispielsweise im Dezember 2011 das Bündnis „Schule im Aufbruch" gegründet – mit dem Hirnforscher Gerald Hüther als wissenschaftliches Aushängeschild. Die Initiative verfolgt das Ziel, Schule umzudenken: Eine globalisierte Welt mit hoher Veränderungsdynamik und steigender Informationsflut mache ein neues, zeitgemäßes Verständnis von Lernen und Bildung erforderlich.[2] Doch wie stellen sich die Beteiligten ein Umdenken der Schule vor? Dazu Hüther:

> „Unser Bündnis für eine neue Lernkultur lebt aus der Überzeugung, dass nur mit Begeisterung nachhaltig gelernt werden kann. Unsere Schulen müssten in Biotope des Lernens verwandelt werden, in denen junge Menschen inspiriert und begeistert Neugier entfalten [...]. Nicht auswendig gelerntes, sondern selbständig [sic] erworbenes Wissen und Können ist das, worauf es für die Gestalter des *21. Jahrhunderts* ankommt."[3]

In Publikationen und Vorträgen wie denen von Precht und Hüther geht es um neue Lehr- und Lernkulturen, um den selbstständigen Erwerb von Wissen, es geht um Lernen mit Begeisterung und durch Motivation. Es wird von sog. „Lernbüros" gesprochen und vom Lehrer, der ein Lern-Berater und kein Wissensvermittler sein soll. Teamarbeit, Spaß und Inspiration sollen ebenso im Vordergrund stehen wie fächerübergreifender oder ganzheitlicher Unterricht und Projektarbeit.

Während etwa Hüther davon ausgeht, dass die Aneignung von Wissen nur durch die Beanspruchung der emotionalen Zentren im Gehirn möglich ist, so legt Precht seine Aufmerksamkeit auf Einbeziehung fächerübergreifender Projekte in den Unterricht. Beiden gleich ist jedoch eine generelle Kritik an unserem Schulsystem:

---

[2]   Vgl. „Schule im Aufbruch" 2012, siehe: http://blog.schule-im-aufbruch.de/uber-uns/schule-im-aufbruch/ (Zugriff am: 10.07.2013).

[3]   Hüther, Gerald in: „Schule im Aufbruch" 2012, siehe: http://www.schule-im-aufbruch.de/sites/default/files/Pressemappe_Teil1.pdf (Hervorh. A.B.) (Zugriff am: 10.07.2013).

Die „Hauptkritik zielt vielmehr darauf, dass die Art, wie wir unsere Kinder unterrichten, dem widerspricht, wie nachhaltiges Lernen funktioniert. Unser Schulsystem atmet bis heute den Geist des *19. Jahrhunderts*, als nicht Individualität wichtig war, sondern es darauf ankam, dass in einem bestimmten Zeitraum alle das Gleiche zu lernen hatten. Ich nenne es das Fabrikmodell."[4]

So verweist Hüther auf die Herausforderungen für die „Gestalter des *21. Jahrhunderts*", Precht dagegen bezieht sich auf die Schule des *19. Jahrhunderts* – der sog. „Alten Schule". Hüther bezieht sich also auf die Schule von heute, Precht auf die Schule vor über 100 Jahren, auf die Schule aus der Blütezeit der Industrialisierung – und beide lassen das lange 20. Jahrhundert völlig unbeachtet.

Natürlich ist das Schul- und Lernsystem des 19. Jahrhunderts mit seinen autoritären Lehrern und Drill- und Zwangsmaßnahmen nicht für das *selbstständige* oder gar *interessenbasierte* Lernen geeignet. Die Schule jener Zeit war lebensfremd, die Methodik unzulänglich. Der Unterricht war nicht darauf konzipiert, die Selbsttätigkeit des Schülers zu fördern. Im Gegenteil, er erstickte die natürliche Spontaneität, die Neugier, das Interesse und den Enthusiasmus des Kindes. Der Schüler wurde von der lehrerzentrierten und disziplinorientierten sog. Lern- und Buchschule ausschließlich zum Stillsitzen und Auswendiglernen angehalten. Er wurde nicht als Individuum wahrgenommen, nicht gefördert oder gefordert. Das ist ein ganz allgemein und knapp skizziertes Bild der Schule des 19. Jahrhunderts – obwohl es auch hier bereits Ausnahmen und Abweichungen gab. Denn trotz dieser Darstellung ist zu berücksichtigen, dass sich seit jener Zeit (und bereits davor) mehr und mehr Pädagogen verstärkt mit Lehren und Lernen im Sinne der Schüler, mit neuen Unterrichtskonzepten und -strukturen beschäftigt haben und noch immer beschäftigen. Für unser heutiges Schulsystem und für aktuelle Debatten ist dies von großer Bedeutung und darf nicht einfach ignoriert werden.

Dennoch – so manch eine Kritik an den heutigen Schulkritikern – „touren" die „Bildungsgurus" durch die Bundesrepublik und „betören […] ihre Zuschauer wie einst die fahrenden Wunderdoktoren mit gewagten Diagnosen und Vorschlägen für bizarre Kuren zur Rettung des angeblich totkranken Patienten Schule". Damit „fesseln" sie „mit starken Thesen ein großes Publikum […] und [lassen] die klassische Erziehungswissenschaft alt aussehen"[5].

Doch auch nur geringe Kenntnisse im Bereich der Erziehung reichen aus, um Namen wie Maria Montessori oder Peter Petersen zu kennen. Sie sind zwei Vertreter, die vor über 100 Jahren neue Konzepte entwickeln – zu einer Zeit, die als ein Höhepunkt pädagogischer Entwicklungen gilt. Das beginnende 20. Jahrhundert ist von einer Zeit der sogenannten „klassischen Reformpädagogik" geprägt. Zahlreiche

---

[4] Precht, Richard David in: Kerstan, Thomas/Spiewak, Martin: Sind Sie der bessere Lehrer, Herr Precht? Warum Richard David Precht glaubt, dass die deutschen Schulen zu den schlechtesten der Welt gehören, und wie er sie verändern will. In: DIE ZEIT online, siehe: http://www.zeit.de/2013/16/ richard-david-precht-schulsystem (Hervorh. A. B.) (Zugriff am: 11.04.2013).

[5] Spiewak, Martin: Die Stunde der Propheten. Bestsellerautoren verkünden die Schulrevolution, allen voran der „Hirnforscher" Gerald Hüther. Mit Wissenschaft hat das alles nicht viel zu tun. In: DIE ZEIT 36 (2013), S. 33-34, hier: S. 33.

Pädagogen beginnen mit der Konzeption neuer Lehr- und Lernkulturen – auf verschiedenen Wegen, doch immer mit demselben Ziel. Einige handeln hierbei rein intuitiv und ohne wissenschaftliche Basis, einige entwickeln Konzepte auf historisch-systematischen Grundlagen, andere wiederum beginnen mit ersten experimentellen Ansätzen.

2 „Schule des Lebens": Ovide Decroly als Teil eines globalen Systems

Bereits ab dem 18. Jahrhundert entstehen erste Ansätze, die sich mit empirischen Verfahrensweisen innerhalb der Psychologie und der Pädagogik beschäftigen: So führen beispielsweise die Franzosen Jean-Marc Gaspard Itard (1775-1838) und Edouard Séguin (1812-1880) systematische Beobachtungen durch und entwickeln didaktische Sinnesmaterialien. Dies setzt sich verstärkt in den folgenden Jahrzehnten fort: Alfred Binet (1857-1911) und Théodore Simon (1873-1961) führen Testserien zur Messung der Intelligenz durch, Wilhelm Wundt (1832-1920) wird Begründer und wichtigster Vertreter der experimentellen Psychologie.

Doch sind die hier Genannten keine Pädagogen oder Erzieher, sondern Psychologen und Ärzte. Eine weitere Ärztin wird durch ihre Forschung, die sie zunächst auf behinderte Kinder ausrichtet, als renommierte Reformpädagogin bekannt werden: die Italienerin Maria Montessori (1870-1952), deren Weg über die Medizin zur Pädagogik führt. Ihr sogenanntes „männliches Pendant" ist der aus Belgien stammende Arzt, Psychologe und Pädagoge Ovide Decroly (1871-1932). Er wird im Folgenden exemplarisch als ein Vertreter eines internationalen Netzwerkes fungieren und gleichzeitig einerseits eine Brücke zwischen verschiedenen wissenschaftlichen Bereichen, andererseits eine Verbindung zwischen zwei Jahrhunderten darstellen.

Um dies zu verdeutlichen, werden im Folgenden zunächst sein Leben und Werk im Mittelpunkt stehen – als Basis für den anschließenden globalen Vergleich.

2.1 Ovide Decroly

Als promovierter Arzt für Neurologie und Nervenheilkunde nimmt Decroly nach seinem Studium eine Anstellung an der Poliklinik Brüssel an, während der er anfangs weiterhin die pathologische Anatomie des menschlichen Gehirns mit dem Ziel untersucht, die Ursachen neurologischer und mentaler Krankheiten zu erforschen. Dabei richtet sich sein Interesse insbesondere auf Kinder, die sichtbare Anomalien aufweisen. Während dieser Arbeit kommt es zu Begegnungen, die als Schlüsselerlebnis für Decrolys weiteren Lebensweg und seine Forschungen gelten können: Während der Untersuchungen stellt er fest, dass nicht generell all seine Patienten an organischen Fehlfunktionen leiden, weshalb er nach weiteren Ursachen zu suchen beginnt. In seinen Tagebuchaufzeichnungen schreibt er:

„Stellen Sie sich meine Lage bei diesen Fällen vor, in denen man mich zu Rate zog. Es war die eines Arztes, der sich seinen Patienten zu ersten Male gegenüber sieht. Ich begann mich zu fragen: Warum ist dieses Kind so unaufmerksam [...]? Warum kann es nicht lesen? [...] Ist es schon in der Schule gewesen? [...]

So wurde ich dazu gebracht, jeden einzelnen Fall sorgsam zu prüfen, um die Ursache der Hemmung oder der Anomalie zu erforschen, um zu versuchen, dort einzugreifen, wo die Schule versagt hatte."[6]

An dieser Stelle setzt Decroly mit der Entwicklung seines Erziehungssystems an und beginnt, nach neuen Wegen und Methoden der Erziehung zu suchen.[7]

Im Jahr 1901 gründet er in seinem Wohnhaus ein Laboratorium, das sog. „Institut d'Enseignement Spécial", in dem Decroly und seine Frau gemeinsam mit psychisch und physisch behinderten Kinder leben und arbeiten. Während seiner systematischen Beobachtungen, deren Ergebnisse er u. a. in Tagebuchaufzeichnungen und Stummfilmen festhält, bestätigt sich sein Verdacht, dass gewöhnliche Unterrichtsmethoden keinen Erfolg bei diesen Kindern haben. In Folge dessen denkt Decroly über Möglichkeiten nach, die in solchen Fällen zum Erfolg führen könnten. Basierend auf dem kindlichen Interesse entwickelt er neue Ansätze und Methoden, um den Kindern grundlegende Kenntnisse und Fertigkeiten zu vermitteln. Mit den ersten nachweisbaren Erfolgen entschließt sich Decroly zur Ausweitung der Konzeption und deren Anwendung auf gesunde Kinder.

So eröffnet er 1907 eine zweite Schule. Die noch immer bestehende und bekannte „Ecole Decroly – Ecole pour la vie par la vie" verfolgt das Ziel, das mittelbare und unmittelbare Leben des Kindes in den Mittelpunkt zu stellen. Die Methoden sind auf das Kind angepasst, fördern dessen Individualität, dessen Selbsttätigkeit und Selbstständigkeit. Sie regen zum Beobachten, Nachdenken, Fragen und Analysieren an.

In den folgenden Jahren forscht Decroly im Laboratorium, in der Schule und an der Universität Brüssel, er hält zahlreiche Vorträge, reist u. a. nach Deutschland, nach Kolumbien, nach Brasilien. Er lernt Peter Petersen, John Dewey und Maria Montessori kennen und wird schließlich zu einem wichtigen Vertreter der 1921 gegründeten internationalen New Education Fellowship.[8]

Nach Decrolys Tod wird seine Arbeit von seinen Mitarbeiterinnen – insbesondere Amélie Hamaïde, Julia Degand, Alice Descœudres und Valérie Decordes – fort-

---

6   Descœudres, Alice: Nachruf auf Dr. Ovide Decroly. In: Zeitschrift für Kinderforschung 41/2 (1933), 241-245, hier: 241, siehe auch unter: http://www.th–hoffmann.eu/archiv/decroy/desceudres.1933.pdf (Zugriff am: 07.02.2011).

7   Vgl. Blichmann, Annika: Erziehung als Wissenschaft. Ovide Decroly und sein Weg vom Arzt zum Pädagogen. Paderborn 2014 (im Druck).

8   Vgl. Röhrs, Hermann: Die Reformpädagogik und ihre Perspektiven für eine Bildungsreform. Donauwörth 1991, S. 81; Röhrs, Hermann: Die „New Education Fellowship". Ein Forum der internationalen Reformpädagogik. In: Die Reformpädagogik auf den Kontinenten. Ein Handbuch, hg. von Röhrs, Hermann/Lenhart, Volker. Frankfurt a. M. 1994, S. 191-203, hier: S. 192.

geführt. Große Würdigung erhält das Unterrichtskonzept durch die Aufnahme in den Lehrplan Belgiens von 1936 und dessen Neuauflage im Jahr 1958.[9]

Die „Ecole Decroly" orientiert sich auch heute noch an den Ansätzen ihres Gründers – ebenso wie andere Schulen in Frankreich, Spanien und Lateinamerika, die nach Decrolys Methode unterrichten.

Wie sieht nun das Konzept aus? Welche Ansätze entwickelt Decroly und welche Methoden führen zum Lernerfolg der Kinder, die seine Schule besuchen? Die folgenden exemplarisch dargestellten Beispiele verdeutlichen das Zusammenspiel der Bereiche Medizin, Psychologie und Pädagogik, die gleichsam für Decrolys Ansatz bedeutsam sind.

a) Empirische und experimentelle Verfahrensweisen

Decroly als Naturwissenschaftler bzw. als Mediziner sieht Empirik und systematische Verfahrensweisen als grundlegend für seine Forschungen und somit für seinen pädagogischen Ansatz an. Als Vorbild dient ihm hierbei insbesondere der deutsche Psychologe Wilhelm Wundt, dessen Schriften ihm während des Studiums zur bevorzugten Lektüre werden.[10] Gleichzeitig beschäftigt er sich in diesem empirischen Bereich mit verschiedenen Intelligenztestverfahren – u. a. denjenigen der Franzosen Binet und Simon. Solche systematischen Verfahrensweisen und Experimente zielen darauf, vollständige, exakte und objektive Resultate zu ermitteln und verfolgen sowohl medizinische und psychologische, aber eben auch pädagogische Zwecke. Obwohl Decroly das Verfahren von Binet/Simon als das bisher effektivste einschätzt, scheinen ihm noch zu viele Aspekte verbesserungswürdig und kritikfähig.[11] Es basiert seiner Ansicht nach zu sehr auf Sprache; Tests zur Moral oder dem Erinnerungsvermögen sind nicht vorhanden; auch die zur Aufgabenlösung benötigte Zeit ist hier nicht relevant. Ebenso wenig sieht er die Möglichkeit, die Aufgaben auf Kinder aller sozialen Schichten gleichsam anzuwenden.[12]

So beginnt Decroly mit der Entwicklung neuer, praktischer Testserien. Sie sollen die Fähigkeit des Vergleichs, des Kombinationsvermögens, des abstrakten und logischen Denkens sowie der Feinmotorik eines Kindes prüfen und dienen der differenzierten Einteilung der Kinder in psychologische Typen.[13]

Decrolys experimentelle Verfahrensweisen spiegeln sich nicht nur in den Intelligenztests wider, sondern ebenso in der systematischen Beobachtung: Zusätzlich zu

---

[9] Vgl. Schultze, Walter (Hg.): Schulen in Europa. Bd. II: Teil A. Weinheim/Berlin/Basel 1969, S. 432.

[10] Vgl. Hamaïde, Amélie: Ovide Decroly. In: Hommage au Dr. Decroly, hg. von s. n. (o.O. [St.-Nicolas-W.]) 1933, S. 17-24, hier: S. 18.

[11] Vgl. Decroly, Ovide: Les classes homogènes et l'examen mental par les méthodes des tests de Binet-Simon. In: Revue de Pédotechnie I/1 (octobre-novembre) 1913, S. 21-34, hier: S. 25.

[12] Vgl. a. a. O., S. 29 ff.

[13] Viele dieser Testserien sind ebenso als pädagogische und psychologische Spiele einsetzbar. Beispiele dazu finden sich in: Blichmann 2014 sowie in: von den Hoff, Martha: Decrolys Pädagogik mit Berücksichtigung ihrer psychologischen Grundlagen. Karlsruhe 1932.

seinen Tagebuchaufzeichnungen nimmt er gemeinsam mit seinen Mitarbeiterinnen die Kinder und ihre Verhaltensweisen systematisch auf Film auf. Insgesamt existierten einst 50 Kurzfilme mit z. T. arrangierten Situationen. Die heute noch vorhandenen Aufzeichnungen sind Stummfilme[14] mit Titeln wie beispielsweise *L'imitation* und *Imitation successive d'un modèle*, die das Lernen am Beispiel demonstrieren. *La découverte d'un charançon* zeigt das Lernen durch eigenes Entdecken, in diesem Falle das eines Käfers. *L'équilibre* schildert das Begreifen der Zusammenhänge, die das Kind selbst hergestellt hat, wohingegen *Le premier contact* die zuvor gemachten Ersterfahrungen des Kindes zeigt. Andere Filme gehen auf Lernen in Testsituationen, wie bspw. *Le test des boîtes à ouvrir*, oder auf Darstellung einer Verhaltenssituation, der psychischen Beobachtung, der Deutung sowie der Geistes- und Sinnesentwicklung ein. Decroly nimmt die Filme vorsätzlich für psychologische und pädagogische Zwecke auf und arrangiert spezielle Situationen, in denen den Kindern sichtlich bewusst ist, dass ihre Handlungsweisen und Reaktionen aufgenommen werden. Ziel ist es, ausschließlich psychologisch-pädagogische Gesetze und deren Anwendung zu demonstrieren, keine Beschreibung einer realen Schul- oder Erziehungssituation.[15]

b) Naturnahe Erziehung, Lernen am Leben

Das *Wechselverhältnis* von Psychologie und Pädagogik wird besonders bei der Betrachtung der von Decroly entwickelten Interessenzentren und damit den Inhalten seines Konzepts deutlich.

So wie Hüther heute *Emotionen* als Grundlage für jedes lebensnahe Lernen betrachtet, so sieht Decroly vor 100 Jahre *Interesse* als natürliche Lern-Basis. Es stellt sich die Frage: Wofür interessiert sich ein Kind? Was sollen folglich die Inhalte des Unterrichts sein?

Während seiner Beobachtungen stellt Decroly fest, dass das Kind vor allem Interesse für diejenigen Dinge, Lebewesen und Situationen aufbringt, die es direkt und unmittelbar betreffen. Dazu zählen Tiere, Pflanzen, das Wetter, der eigene Körper – das Leben selbst. Davon ausgehend entwickelt er ein Prinzip des ganzheitlichen und interessenbasierten Unterrichts, das sich im Laufe der Jahre zu vier Interessenzentren verdichtet. Er geht davon aus, dass jeder Mensch, jedes Kind Grundbedürfnisse habe, die es zu befriedigen gilt. Diese Grundbedürfnisse dienen der Sicherung des Überlebens der eigenen Art.[16] Decroly teilt dies in folgende vier Kategorien ein:

---

[14]　Diejenigen Filme, die die Verfasserin aus dem Decroly-Archiv CED erhalten und diejenigen, die sie dort eingesehen hat, sind ohne Ausnahme Stummfilme. Jedoch kann nicht mit Sicherheit gesagt werden, wann der letzte Film aufgenommen wurde, welcher es war und ob Decroly hier bereits mit sprachlichen Mitteln gearbeitet hat.

[15]　Vgl. Oelkers, Jürgen: Reformpädagogik. Eine kritische Dogmengeschichte. Weinheim u. a. 2005, 4. Aufl., S. 335.

[16]　Vgl. Depaepe, Marc/Simon, Frank/van Gorp, Angelo: The Canonization of Ovide Decroly as a „Saint" of the New Education. In: History of Education Quarterly 43 (2003) 2, S. 224-249, hier: S. 225.

1. das Bedürfnis nach Nahrung,
2. das Bedürfnis nach Kampf gegen Witterungsunbilden,
3. das Bedürfnis nach Verteidigung gegen verschiedene Gefahren und Feinde sowie
4. das Bedürfnis nach Tätigkeit und nach gemeinsamer Arbeit.

Jedem Bedürfnis werden je zwei Schuljahre in Abwechslung gewidmet. Die Lehrer der „Ecole Decroly" richten ihren Unterricht nach den kindlichen Bedürfnissen aus und gestalten ihn auch heute noch in ganzheitlicher, übergreifender und projektorientierter Form. Dieser Ansatz ermöglicht ein interessengeleitetes, selbstständiges und handlungsorientiertes Lernen, wobei ein ganzheitliches und lebensnahes Lernkonzept im Mittelpunkt steht.[17]

Nachdem die Frage nach dem *Was?* bzw. den Unterrichtsinhalten geklärt ist, widmet sich Decroly der Frage nach dem *Wie?:* Wie kann der Unterricht sinnvoll strukturiert werden, welche Methoden gibt es?

Inspiriert von Johann Friedrich Herbart entwickelt Decroly den sogenannten „methodischen Dreischritt", der aus den Stufen Beobachtung, Assoziation und Ausdruck besteht. Das Kind soll zunächst ein Ereignis, eine Situation oder ein Lebewesen bewusst beobachten bzw. einen Gegenstand ertasten, um ein erstes Gefühl dafür zu entwickeln. *Beobachtung* sieht Decroly als eine bedeutende Grundlage für den Erwerb neuen Wissens. In einem nächsten Schritt, der *Assoziation,* verbindet das Kind seine neuen Erfahrungen mit den bereits vorhandenen – in historischer und geografischer Sicht. Anschließend bringt es seine Ergebnisse abstrakt und konkret zum *Ausdruck* (durch Zeichnungen, Collagen, Modellagen, Aufsätze und Geschichten …), wobei sich jedes Kind seiner eigenen Ausdruckfähigkeit frei bedient. Als Beispiel für den freien, konkreten Ausdruck ist hierbei insbesondere die von Decroly erworbene Druckpresse zu erwähnen. Diese nutzen die Kinder für den Druck von Briefen, Aufsätzen und Schülerzeitungen. Dabei schulen sie durch das Setzen der einzelnen Lettern zugleich ihre Feinmotorik. Zugleich achten die Kinder bei der Arbeit mit der Druckpresse verstärkt auf Orthografie und entwickeln ein Gespür für Buchstaben. So führt der Schritt des Ausdrucks zum Schritt der Beobachtung zu-

---

[17] Zahlreiche Beispiele zum Aufbau der Interessenzentren finden sich u. a. in: von den Hoff 1932, S. 47 ff., S. 131 ff.; Blichmann 2014; Decroly, Ovide: Die Methode Decroly als Beitrag zur internationalen Reformpädagogik. Einführende Texte. Französisch/Deutsch & Italienisch/Deutsch, hg. & übers. von Blichmann, Annika. Jena 2011, S. 67 f., S. 81 ff., S. 139 ff.; Decroly, Ovide: Une expérience de programme primaire avec activité personnelle de l'enfant, hg. von New Education Fellowship. In: The New Era (The creative self-expression of the child. Being a report of lectures, given at the first summer confe-rence, held by the New Education Fellowship, Calais 1921) (1921), S. 71-79, hier: S. 77 f.; Decroly, Ovide: Abbozzo di un programma applicato in una Scuola sperimentale, übers. von Pacini, Elsa. In: Rivista di psicologia (1921), S. 12-22, hier: S. 13 ff.; Decroly, Ovide/Boon, Gérard: Vers l'Ecole rénovée. Une première étape. Bruxelles/Paris 1921, S. 25 ff.

rück. Die Stufen verlaufen also nicht zwangsläufig nacheinander – im Gegenteil, sie bedingen sich untereinander und greifen aufeinander zurück.[18]

c) Pädagogische und psychologische Spielserien

Parallel zu den Interessenzentren und dem methodischen Dreischritt entwickelt Decroly didaktische Sinnesmaterialien und Spiele, die sog. *jeux éducatifs*, wobei er sich wie auch Montessori von Itard und Séguin beeinflussen lässt.

Er selbst sieht das Spiel als eine Verbindung, eine Brücke zwischen dem Kind und dem Leben.[19] Das Kind spielt von klein auf. Es entwickelt sich und lernt bereits vor dem Schulbesuch mithilfe spielerischer Elemente und selbsterfundener Beschäftigungen, wobei die Selbsttätigkeit nach psychologischer Erkenntnis eine naturgemäße Lernmethode des Kindes darstellt. Die Grundlagen der Erziehung haben daher den angeborenen Reaktionen, den Reflexen und Trieben zu folgen, die in den Spielen des Kindes, einem natürlichen und erfolgreichen Selbstunterricht, zum Ausdruck kommen.[20] Das Spiel weckt Interesse – die Voraussetzung für den Lernprozess. Das kindliche Spiel stellt für Decroly eine Vorstufe bzw. eine wichtige Vorbereitung auf Arbeit dar.[21] Die Spielserien, die Decroly konzipiert, dienen u. a. der Motivation, der Individualisierung des Unterrichts, der Wiederholung des bereits Gelernten, der Veranschaulichung oder auch der Einleitung des Lernprozesses.[22] Sie gliedern sich in verschiedene Bereiche wie etwa Gedächtnisleistung, Sprache, Gefühle, Sensomotorik, Konzentrationsfähigkeit u. a.[23] Für die Kinder waren diese Spielserien sowohl in pädagogischer als auch in psychologischer Hinsicht von großem Nutzen.

Zusammenfassend lässt sich festhalten, dass der Ansatz, den Decroly vor über 100 Jahren entwickelt, stark mit den heute noch immer geforderten Umgestaltungen der Schule korreliert: Hierbei soll der Unterricht nicht nur auf Emotionen ausgerichtet sein, sondern durch Projektarbeit Neugierde und Lernfreude hervorrufen bzw. erhalten – wie beispielsweise durch Precht und Hüther gefordert.
Diese Gedanken führen weiter zum internationalen Aspekt, wobei nun Decrolys „Schule des Lebens" exemplarisch in globalen Bezug zu einigen Vertretern der New Education Fellowship – dem internationalen Netzwerk der Reformpädagogik – gesetzt werden soll.

---

[18] Beispiele für den methodischen Dreischritt finden sich u. a. in: von den Hoff 1932, S. 68 ff.; Blichmann 2014; Decroly 2011, S.145 ff.; Decroly/Boon 1921, S. 28 ff.

[19] Vgl. Decroly, Ovide in: Claparède, Edouard: Vorwort. In: Hamaïde, Amélie: Die Methode Decroly, übers. von Pape, Marie-Therese (Pädagogik des Auslands 2). Weimar 1928, S. 3.

[20] Vgl. Lay, Wilhelm August: Experimentelle Pädagogik. Mit besonderer Rücksicht auf die Erziehung durch die Tat. Leipzig 1912, 2. Aufl., S. 56.

[21] Vgl. Decroly, Ovide, zit. nach Decordes, Valérie: Le Docteur Decroly et quelques-uns de ses principes éducatifs, hg. von Ecole Decroly-Ermitage/Centre d'Etude decrolyenne. Bruxelles 1947, 2. Aufl., S. 13.

[22] Vgl. Blichmann 2014.

[23] Vgl. von den Hoff 1932, S. 19.

2.2 Ein globales Netzwerk der Reformpädagogik

Viele der neuen pädagogischen Ideen um 1900 entstehen unabhängig voneinander und weltweit. Dennoch lassen sich heute viele Ähnlichkeiten innerhalb der unterschiedlichen Konzeptionen feststellen. So sind viele Aspekte des decrolyschen Ansatzes beispielsweise auch bei Maria Montessori, Célestin Freinet oder Peter Petersen wiederzufinden, die in stark verkürzter Form und lediglich auf einzelne Punkte bezogen im Folgenden exemplarisch angeführt werden.

Montessori etwa gilt als Expertin des kindlichen Spiels. Beide – Decroly und Montessori – lassen sich für ihr jeweiliges Werk von Itard und Séguin inspirieren und vervollständigen unabhängig voneinander vor allem deren Form der systematischen Beobachtung sowie die Entwicklung didaktischer Sinnes- und Spielmaterialien. Gleichzeitig stammen beide aus naturwissenschaftlichen Bereichen und gehen ausgehend von der Medizin zur Pädagogik mit psychologischen Grundlagen über. Auch entwickeln sie ihre Ansätze in der Beschäftigung mit psychisch oder physisch behinderten Kindern, wobei ihr jeweiliges Ziel die freie Entfaltung jeglicher kindlicher Aktivität ist.[24] Beide Pädagogen arbeiten mit einem ähnlichen methodischen Dreischritt bzw. in einer Stufenfolge des Lernens. Was Decroly in Beobachtung, Assoziation und Ausdruck untergliedert, teilt Montessori in *Assoziation, Reproduktion* und *Abstraktion*. Während bei Decroly die Abfolge der Schritte variiert und diese stets wechselseitig aufeinander zugreifen, verlaufen die Stufen bei Montessori nach formalen Richtlinien – eine Stufe folgt der anderen.

Der Franzose Célestin Freinet dagegen ist u. a. bekannt für sein Prinzip der Freiheit des Kindes. Das Kind soll sich frei und individuell entwickeln können. Es bestimmt selbst, was es lernen möchte, regelt selbst, mit wem es dabei zusammenarbeitet und entscheidet, welche Zeit es dazu benötigt. Es lernt selbstständig mithilfe von Karteikarten und Selbstlernmaterialien,[25] die eine Fachkommission erarbeitet und die wiederum von Schülern durch deren eigene Dokumente (geographische, biologische, historische Fakten, die ihrer spezifischen Lernumwelt angepasst sind) ergänzt werden[26] – etwas, das die heutige Initiative „Schule im Aufbruch" als Lernbüros bezeichnet.

Freinets freier Ausdruck kommt gleichsam durch die Schuldruckerei zum Tragen. Obwohl er gemeinhin als Vater der Schuldruckerei und der Schülerzeitung gilt,

---

[24] Vgl. Heiland, Helmut: Maria Montessori. Mit Selbstzeugnissen und Bilddokumenten. Reinbek bei Hamburg 1992, S. 55.

[25] Vgl. u. a. Jörg, Hans: Meine Begegnung mit Freinet und der Freinet-Pädagogik. In: Montessori-, Freinet-, Waldorfpädagogik. Konzeption und aktuelle Praxis, hg. von Hellmich, Achim/Teigeler, Peter. Weinheim/Basel 2007, 5. Aufl., S. 93-113, hier: S. 100 ff.; Schlemminger, Gerald: Zur Biographie Célestin Freinet und zur Entwicklung der Grundzüge und Prinzipien seiner Pädagogik. In: Freinet-Pädagogik. Reformpädagogische Schulkonzepte, Bd. 5, hg. von Hansen-Schaberg, Inge/Schonig, Bruno. Baltmannsweiler 2001, S. 9-51, hier: S. 9, siehe auch unter: http://www.ph-karlsruhe.de/fileadmin/user_upload/dozenten/schlemminger /articles_publies/ C_F_Biogr.pdf (Zugriff am: 04.04.2012).

[26] Vgl. Jörg, Hans: So macht Schule Freude. Freinet-Pädagogik in Texten, Dokumenten und Bildern. Wolfsburg 1989, 2. Aufl., S. 96.

sei vermerkt, dass er sich hierbei stark von Decroly inspirieren ließ: „Ich persönlich betone immer, wie viel wir Decroly zu verdanken haben. [...] Wenn wir heute tausende von Schulzeitschriften haben, dann doch deshalb, weil sie den ,Schulkurier' Decrolys als Vorbild hatten. Wenn Decroly noch leben würde, würde er mit uns arbeiten."[27] Die regelmäßige Herstellung von Schulzeitungen dient u. a. dem Austausch der verschiedenen Freinet-Schulen untereinander und öffnet auf diese Weise die Schule dem Leben und lässt die Kinder am Leben teilhaben.[28] Er nimmt das Ziel Decrolys einer Lebensschule, einer „Ecole pour la vie par la vie" auf und verbindet es mit dem Prinzip der Arbeitsschule. Hans Jörg ergänzt: „Während Maria Montessori die ,pädagogische Ausrichtung der Lernwelt' vorwiegend durch Bereitstellung von Arbeitsmitteln mit Selbstbildungscharakter fordert und Peter Petersen der Schulklasse ,Wohnstubencharakter' gibt, will Freinet der Schule den Kasernencharakter dadurch nehmen, daß er sowohl die Vorschläge der beiden vorgenannten Pädagogen verwirklicht, zusätzlich aber nach seiner Devise ,Par la vie – pour la vie – par le travail' innerhalb der Klasse Arbeitsecken (Ateliers de travail) mit unterschiedlicher Ausstattung und Bestimmung einrichtet."[29]

Das Zitat leitet zu dem letzten Pädagogen dieses Kurzvergleichs über: Peter Petersen. Zu den Verdiensten Petersens und Decrolys zählt das Bemühen um eine kindzentrierte Pädagogik des Lebens. Beider Ziel ist eine ganzheitliche Bildung und Entwicklung, die Erziehung der Kinder zu Selbsttätigkeit und zu sittlich-sozialen Persönlichkeiten, zu Staatsbürgern. Das *Leben* steht konsequent im Mittelpunkt beider Konzeptionen.[30] Während der regelmäßig stattfindenden Kongresse der New Education Fellowship lernen sich Petersen und Decroly kennen und schätzen. Auf der VI. Weltkonferenz des Weltbundes 1932 fordert Decroly in seinem Vortrag über *„Les changements de la vie sociale et l'éducation"* eine Schule, die als Einheitsschule arbeitsunterrichtlich an den Konzeptionen von Dewey, Ferrière, Geheeb und anderen orientiert sein müsse und in der die Pflege der Selbsttätigkeit und Individualität darüber hinaus gewährleistet sein solle.[31] Dieser synthetische Zug ist insbesondere in Petersens Konzeption, dem *Jena-Plan*, umgesetzt. Er nimmt hierbei verschiedene Ansätze anderer Pädagogen auf: Stufeneinteilung von Hermann Lietz, Schulgemeinde, Pädagogische Rückschau und Kurssystem von Paul Geheeb, arbeitsunterrichtliches Verfahren von Georg Kerschensteiner, gruppenunterrichtliches Verfahren von Adolphe Ferrière sowie Schulrahmen und Lernspiele von Ovide De-

---

[27] Ueberschlag, Roger: Freinet im Ausland. In: Freinet-Pädagogik heute. Beiträge zum Internationalen Célestin-Freinet-Symposion in Kassel, hg. von Hagstedt, Herbert. Weinheim 1997, S. 137-149, hier: S. 139.

[28] Vgl. Teigeler, Peter: Freinet-Pädagogik, psychologische Lernmotivationstheorie und E. Frankels „Wille zum Sinn". In: Montessori-, Freinet-, Waldorfpädagogik. Konzeption und aktuelle Praxis, hg. von Hellmich, Achim/Teigeler, Peter. Weinheim/Basel 2007, 5. Aufl., S. 114-140, hier: S. 115.

[29] Jörg 1989, 2. Aufl., S. 25.

[30] Vgl. Blichmann, Annika: Jena-Plan und die Methode Ovide Decrolys. In: Jena-Plan im Netzwerk internationaler Schulreform, hg. von Koerrenz, Ralf. Jena 2007, S. 75-86, hier: S. 75.

[31] Vgl. s. n.: Les changements de la vie sociale. L'école unique et la préparation de l'élite. Résumé de la communication de Mr le Docteur Decroly. In: Vers l'Ecole Active 12 (1932), S. 179-180, hier: S. 180.

croly.[32] Wie auch bei Decroly sind bei Petersen – wenn auch in anderer Art und Weise – Spiel und Arbeit Grundformen des Unterrichts. Sie bilden gemeinsam mit den Grundformen Gespräch und Feier den Mittelpunkt der Lebens- und Gemeinschaftsschule Petersens. Die Interessen des Kindes und die Einbeziehung von Natur und Leben spielen auch bei Petersen eine entscheidende Rolle.

Abbildung 1 verdeutlicht graphisch das Netzwerk allein dieser vier hier besprochenen Pädagogen. Das Ineinandergreifen der verschiedenen Konzeptionen ließe sich weiter fortführen.

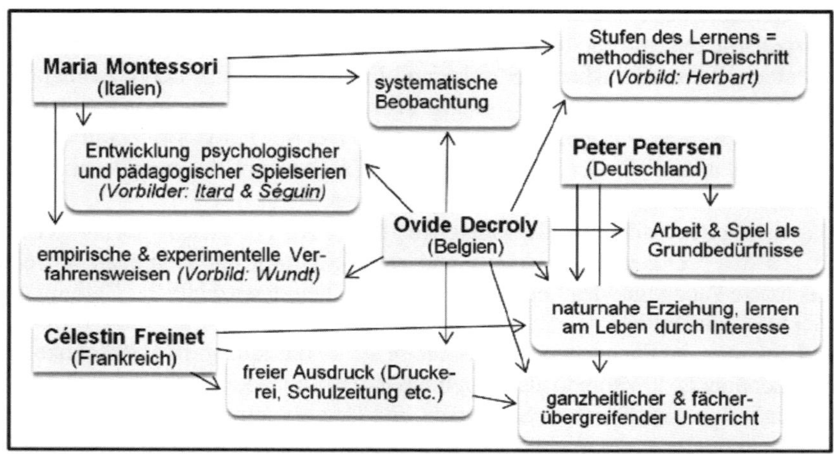

Abb. 1: Traditionen globaler Bildung – ein pädagogisches Netzwerk

Den hier genannten Pädagogen ist schließlich *einerseits* ein ganzheitlicher und fächerübergreifender Unterricht gemein. *Andererseits* versuchen sie, Schul- und Unterrichtskonzepte zu entwickeln, die die Schüler auf das Leben vorbereiten. Diese Pädagogen sind exemplarisch als Vertreter einer globalen Bildung – oder aus heutiger Sicht – Vertreter einer *traditionellen* globalen Bildung zu sehen.

Sie sind Teil einer globalen Geistesbewegung,[33] denn sie alle sind Mitglieder der New Education Fellowship. Diese wird 1921 in Calais[34] gegründet und organisiert fortan zunächst im zweijährigen Rhythmus internationale Konferenzen, die „globale Arbeitsmittelpunkte mit einer erheblichen Rückbindung und -wirkung auf die verschiedensten Bereiche der Erziehungswirklichkeit"[35] bilden. Hermann Röhrs zufolge, lange Zeit Präsident und Ehrenpräsident des Weltbundes, verhilft der Weltbund

---

[32] Vgl. Röhrs, Hermann: Die Reformpädagogik. Ursprung und Verlauf in Europa. Hannover 2001, 6. Aufl., S. 272.

[33] Röhrs, Hermann: Reformpädagogik und innere Bildungsreform. Weinheim 1998, S. 10.

[34] Gegründet von Beatrice Ensor; Repräsentanten und Sprecher der Weltbewegung waren u. a. neben den bereits genannten Paul Geheeb, Elisabeth Rotten, Adolphe Ferrière, John Dewey und Jean Piaget.

[35] Röhrs, Hermann: Der Weltbund für Erneuerung der Erziehung. Wirkungsgeschichte und Zukunftsperspektiven. Weinheim 1995, S. 14.

den reformpädagogischen Bewegungen zu globaler Breitenwirkung.[36] Dieser sei „[i]m Grunde [...] der Entwurf einer globalen pädagogischen Gemeinschaft. Von der Idee her betrachtet ist er [...] das Konzept einer pädagogischen Weltgesellschaft."[37]

Wie anhand des Beispiels Decroly, aber auch Montessori, Petersen und Freinet erkennbar ist, erstrecken sich die Ziele der Reformpädagogen und folglich die des Weltbundes auf verschiedene Dimensionen:

- Aus *kulturkritischer* Perspektive üben sie beispielsweise Kritik an der sogenannten „Alten Schule".
- Auf einen *sozialen* Aspekt bezogen fordern sie eine Verbindung von Schule und Gesellschaft, Unterricht und Leben.
- *Psychologische* Ansätze finden sich in der Auseinandersetzung mit einer kind- und entwicklungsgemäßen Erziehung, mit Selbsttätigkeit und Eigenverantwortung wieder.
- In *anthropologischer* Hinsicht erstreben die Mitglieder des Weltbundes einen neuen Bildungsansatz als Ausdruck eines neuen Menschenbildes. Dieses Menschenbild bezieht sich auf geistige Mündigkeit „in einem freiheitlich bestimmten gesellschaftlichen Rahmen"[38].
- Die *politische* Dimension schließlich zeigt sich in Erziehungszielen wie Frieden, Freiheit und Demokratie.

Somit ist die Reformpädagogik von Beginn an eine *globale* Weltbewegung, der es um die Erneuerung des Menschen und seiner Form der Lebensgestaltung durch Erziehung und Bildung geht.[39] Diese Globalität manifestiert sich in den großen internationalen Tagungen, in denen das Zusammenspiel aus reformpädagogischer Theorie und Praxis der deutlich wird.[40] Die Tagungen und Kongresse dienen dem bewussten und lebensnahen Gedankenaustausch der Pädagogen und einer selbstkritischen Auseinandersetzung der eigenen Methode.[41]

Tabelle 1 zeigt die Entwicklung des Weltbundes in seinen verschiedenen Phasen. Gleichzeitig verdeutlichen die Kongressthemen nochmals die Schwerpunkte: Kreativität des Kindes, Freiheit, Psychologie und Unterricht, Gesellschaft und Gemeinschaft sowie Frieden.

---

[36] Röhrs 1998, S. 12.
[37] Röhrs 1995, S. 12.
[38] Röhrs 1998, S. 14.
[39] A. a. O., S. 10.
[40] Vgl. Carlsburg, Gerd-Bodo/Wehr, Helmut: Der Weltbund für Erneuerung der Erziehung und sein Beitrag für die internationale Reformpädagogik. In: Pädagogische Rundschau 65 (2011), S. 627-637, hier: S. 628.
[41] Vgl. Röhrs 1998, S. 9.

Jahr	Ort	Teilnehmer	Kongressthema
Gründungsphase und Ausbau			
1921	Calais (Frankreich)	150	The Creative self-expression of the child
1923	Montreux (Schweiz)	330	Education for Creative Service
1925	Heidelberg (Deutschland)	450	Die Befreiung der schöpferischen Kräfte im Kinde
1927	Locarno (Schweiz)	1.200	The meaning of freedom in Education
1929	Helsingör (Dänemark)	2.000	The New Psychology and the Curriculum
Phase der Konsolidierung & Expansion			
1932	Nizza (Frankreich)	1.500	Education in a Changing Society
1934	Capetown& Johannesburg (Südafrika)	unbekannt	Educational Adaptions in a Changing Society
1936	Cheltenham (England)	unbekannt	Foundation of Freedom and a Free Community
1941	Anne Arbor (Michigan, USA)	unbekannt	Education in a World of Nations
Neubeginn			
1945	Dorset (England)	130	Education for Life in the International Community
1946	Paris (Frankreich)	unbekannt	Educational Reform and New Education
1946	Australien	unbekannt	Education for Peace

Tab. 1: Entwicklung des Weltbundes für Erneuerung der Erziehung[42]

In den Nachkriegsjahren beginnt die verstärkte Zusammenarbeit mit der UNESCO und anderen bildungspolitischen Institutionen. Heute existiert der Weltbund in der Form, in der er geschaffen wurde, nicht mehr. Mit der Gründung des „Europäischen Pädagogischen Symposions Oberinntal" (EPSO) im Jahre 1974 wird eine neue Plattform des internationalen Gedankenaustauschs geschaffen, die sich nach einigen vereinzelten Tagungen in Europa schließlich von 2004-2010 als „Oberinntaler Diskurse" etabliert.[43] Die inhaltlichen Zielsetzungen sind dabei bis heute aktuell, wie ein

---

[42] Vgl. Röhrs 1995, S. 15 ff.
[43] Carlsburg/Wehr 2011, S. 630 f.

Zitat des derzeitigen Präsidenten von Carlsburg zeigt: „Alle noch existierenden reformpädagogischen Schulgründungen stehen für einen Wechsel von Wissensvermittlung zu eigenständiger Entscheidungsfindung und tragen somit wesentlich zum sozialen Wandel als genetischen Prozess einer gesellschaftlichen Umgestaltung bei, die damit beginnt, dass gleiche Rechte für alle schon in der Schule gelten."[44] Er fordert, die Schule als Vorbereitung für das Leben zu sehen, in der freie geistige Arbeit zu Selbstbildung befähigt und die eine Chance zur Gestaltung von Lebensperspektiven gibt.[45] Auch soziales Handeln und biographische Arbeit sollen Aufgabe der Schule sein: „Wir müssen mehr um die Biografie des Anderen wissen, um ihn besser in seinem Verhalten zu verstehen. Dieses biografische Arbeiten fängt schon in der Schule an, sollte gerade in den Schulen mit hohem Migrationsanteil Normalität sein. Das Erlernen eines rational- und emotionsgesteuerten Umgangs mit dem Anderen, egal welcher Nationalität, beginnt mit einem begleitenden Umgang des Kindes in der Primärsozialisation und der Hinführung zum sozialen Handeln in der Gemeinschaft."[46]

Die Leitprinzipien der Reformpädagogik und des Weltbundes zielen folglich ebenso wie viele der heutigen Ansätze, aber auch wie viele Forderungen – es sei an Precht und Hüther erinnert – auf eine „ganzheitliche Bildung des Menschen unter Einbezug der sozialen, emotionalen und intellektuellen Kräfte."[47] Sie zielen auf eine Erziehung zum selbstbestimmten Lernen, zur Ganzheitlichkeit und zur Individualität.[48]

Die diesjährige Tagung des ehemaligen Weltbundes hat zum Thema „Neue Lernkultur – Individualisierender Unterricht – Lebensbegleitendes Lernen", womit wieder der Ausgangspunkt dieses Beitrages erreicht ist: Lernen für das Leben – durch Interesse, Emotionen, Individualität und Selbsttätigkeit, aber auch durch neue Lehr- und Lernkulturen.

3 „Aus-Geschult": Schule der Zukunft? Ein Ausblick

Zwei Ebenen der globalen Reformpädagogik haben sich herauskristallisiert: Die Schulebene und die globale Ebene. Man kann sie auch als „subjektive" und „objektiv-institutionelle" Ebenen bezeichnen, d. h. Globalisierung in der persönlichen Biografie innerhalb der lokalen Schule und Globalisierung in der Weltwahrnehmung durch internationalen Austausch innerhalb der Gesellschaft.

Während die erste Ebene einen didaktisch-methodischen Fokus ausweist und in ihren Konzepten danach fragt, wer warum in welchem Maße wie etwas lernen kann und soll, führt die zweite Ebene diese Gedanken weiter in ein globales Gespräch.

---

[44] A. a. O., S. 633.
[45] Vgl. ebd.
[46] Ebd.
[47] Röhrs 1995, S. 16.
[48] Carlsburg/Wehr 2011, S. 628.

Daraus resultieren schließlich die folgenden Überlegungen und offenen Fragen. Grundsätzlich: Wie wird die Schule der Zukunft aussehen? Werden wir in weiteren 100 Jahren noch immer dieselben Forderungen stellen wie heute und wie vor 100 Jahren?

Aus Sicht der „subjektiven" Ebene – Globalisierung in der persönlichen Biografie innerhalb der lokalen Schule – sind Überlegungen in Bezug auf a) das Kind, b) die Schule und c) den Lehrer einzubeziehen:[49]

a) Wird in der Zukunft jedes einzelne Kind individuell gefördert werden können?
   Werden unsere Kinder für ihre eigene Zukunft, für ihr eigenes Leben geschult?

b) Werden unsere Schulen die Autonomie erhalten, sich ihren Schülern und deren Umfeld anzupassen, wie es etwa in skandinavischen Ländern der Fall ist, beispielsweise unter Einbeziehung der verschiedenen lokalen Bildungsakteure?
   Wird es flächendeckend „echte" Ganztagsschulen mit Präsenz- und Gleitzeiten geben?

c) Kann der Lehrer zu einer festen Bezugsperson für ein Schulkind werden?
   Und schließlich: Wie sieht die Lehrerbildung von morgen aus?

Die „objektiv-institutionelle" Ebene – Weltwahrnehmung durch internationalen Austausch innerhalb der Gesellschaft – ist im Hinblick auf a) Raum und b) Gesellschaft zu betrachten:

a) Kann man noch immer von einer *globalen* Geistesbewegung sprechen oder ist sie auf *nationale* bzw. *regionale* Räume begrenzt (wie beispielsweise bei der bildungspolitischen Länderhoheit Deutschlands)?
   Besteht ein internationaler Austausch, ein globales Gespräch, oder wird verstärkt etwa durch zahlreiche internationale empirische Studien Konkurrenz gefördert, so dass Globalisierung in diesem Sinne konfliktverschärfend wirkt?

b) Wie stellt sich die Schule auf die wachsende Zahl von Kindern mit Migrationshintergrund ein?[50]
   Wie kann ein problemloser Schulwechsel zwischen verschiedenen Bundesländern und Mitgliedsstaaten der Europäischen Union erfolgen (vgl. Bologna-Prozess im Hochschulbereich)?

---

[49] Vgl. Supino, Franco: Meine Modellschule. Wie das Lernen in Zukunft aussehen könnte – vorausgesetzt, die Politik lässt die Finger davon. In: DIE ZEIT online, siehe: http://www.zeit.de/2010/48/CH-Schule (Zugriff am: 25.09.2012).

[50] Bsp. Deutschland: von 80,2 Mio. Einwohnern sind 15 Mio. mit Migrationshintergrund, das entspricht 18,7% (Stand: Mai 2011) vgl. Statistisches Bundesamt (Destatis): Zensus 2011. 80,2 Millionen Einwohner lebten am 9. Mai 2011 in Deutschland, siehe: https://www.destatis.de/DE/PresseService/Presse/Pressemitteilungen/2013/05/PD13_188_121.html (Zugriff am: 13.08.2013).

Zusammenfassend lässt sich festhalten: „Traditionen globaler Bildung in der Reformpädagogik" sind überaus vielschichtig. Sie betreffen einzelne Biografien, aber auch die Gesamtheit der Weltgesellschaft. Sie erstrecken sich auf einen langen Zeitraum und scheinen hin und wieder zu stagnieren. Gleichzeitig sind sie umfassend angelegt: Sie tangieren politische, psychologische, kulturelle und anthropologische Aspekte.

Vor über 2.000 Jahren beschrieb der römische Philosoph Seneca die Philosophenschulen seiner Zeit mit den Worten: „Non vitae, sed scholae discimus". – „Nicht für das Leben, sondern für die Schule lernen wir." Dieses geflügelte Wort hat sich – allerdings in umgekehrter Form – durch die Jahrhunderte und in verschiedenen Ländern getragen. Gleichzeitig steht es als Forderung an die Schule: Nicht für die Schule, sondern für das Leben soll gelernt werden.

DIRK OESSELMANN

Pädagogik und gesellschaftspolitische Transformation.
Auf den Spuren Paulo Freires

Seit einiger Zeit ist wieder die Rede von einer „großen" gesellschaftlichen Transformation. Statt Krisenmanagement einzelner Problemfelder haben Klimawandel, aber auch Wirtschaftscrash die Systemfrage erneut in den Mittelpunkt gestellt. Die dringende Suche nach Verbindend-Verbindlichem in einer pluralen und heterogenen Weltgesellschaft ist allerorts zu spüren. Auch die aktuellen Bildungsdiskussionen stehen unter diesem klaren Vorzeichen. „Bildung für die Zukunft" ist der Auftrag für die gegenwärtige Generation.

Bildung galt und gilt bis heute vor allem als Förderung der individuellen Kompetenzen – die gesamtgesellschaftliche Vision ist zumeist aus dem Blick geraten. An ihrer Stelle wurde ein mehr oder weniger sozial ausgerichteter marktwirtschaftlicher Rahmen aufrechterhalten.

In PISA-dominierten Zeiten, in denen es prioritär um die Leistungskurven der Bildungssysteme geht, möchte ich bewusst in einen geschichtlich-gesellschaftlichen Kontext eintauchen, in dem die „Befreiung" zum zentralen Stichwort wurde: „Befreiung" galt dem Einzelnen, stand aber auch immer in der Vision einer gesellschaftlichen Transformation. Dieser Rückbezug verbindet sich bei mir mit dem Anliegen und der Überzeugung, dass mangelnde Bildungschancen auch heute in Deutschland nicht losgelöst von Armut und sozialer Abhängigkeit begriffen werden können.[1] Es ist m. E. nicht vermessen, auch hier von notwendiger „Befreiung" zu reden, nämlich dass Kinder mit solchem Hintergrund zunächst Selbstwert und Würde benötigen. Darüber hinaus muss Bildung vor dem Hintergrund weltgesellschaftlicher Herausforderungen wieder verstärkt in ihrem ganzheitlichen Gestaltungspotential begriffen werden: im Horizont von Befreiung der Menschen als Subjekte, von Beziehungen gegenseitiger Anerkennung und politischer Verantwortlichkeit.

Unter dem Titel „Pädagogik und gesellschaftspolitische Transformation – auf den Spuren Paulo Freires" versuche ich, in den folgenden drei Schritten den geschichtlich-gesellschaftlichen Rückbezug mit der aktuellen Diskussion in Verbindung zu bringen:

1   Pädagogik im Zeichen gesellschaftspolitischen Aufbruchs – Grundsteine einer Pädagogik der Befreiung in Lateinamerika
2   Pädagogik im Zeichen gesellschaftspolitischen Wandels – die Weiterentwicklung der Pädagogik der Befreiung in Lateinamerika bis in die Aktualität

---

[1]   Siehe dazu Schlussfolgerungen der PISA-Untersuchung: Prenzel, Manfred u. a.: PISA 2006. Die Ergebnisse der dritten internationalen Vergleichsstudie. Zusammenfassung unter: http://pisa.ipn.uni-kiel.de/zusammenfassung_PISA2006.pdf, 2007, S. 18-20 (Zugriff am: 12.09.2013).

3   Pädagogik im Zeichen globalpolitischer Transformationen – Grundsteine für eine Pädagogik der Zukunft

Ich entwickele mein Thema am Beispiel des brasilianischen Pädagogen Paulo Freire, der in Lateinamerika wie kein anderer das gesellschaftliche Veränderungspotential von Bildung aufnahm und in Theorie und Praxis umsetzte. Durch ihn wurden Grundsteine gelegt, die weiterentwickelt wurden und auch noch heute eine wichtige Basis für eine Bildung der Zukunft darstellen.

1 Pädagogik im Zeichen gesellschaftspolitischen Aufbruchs – Grundsteine einer Pädagogik der Befreiung in Lateinamerika

Bildung hat etwas mit aktivem bürgerschaftlichen Engagement zu tun und darf die breite kritische Auseinandersetzung mit neuen Perspektiven für die politische, kulturelle und soziale Gesellschaftsgestaltung nicht scheuen. Bildung ist noch nicht die Lösung aller gegenwärtigen Probleme, aber ein Schritt hin zu a) einer differenzierteren Wahrnehmung von politisch-gesellschaftlicher Gestaltung und b) einer umfassenden Reflexion gesellschaftlicher Verantwortungsübernahme.

Genau an diesen Punkten hat es in Brasilien in den letzten Jahrzehnten viel Bewegung gegeben. Bedeutsam ist dabei, dass diese nicht ausschließlich auf der Ebene ideologischer Auseinandersetzung stattgefunden, sondern bei den Bürgerinnen und Bürgern angesetzt hat – und zwar bei denen, die als „sozial und politisch Ausgeschlossene" bezeichnet werden; bei denen, die keine eigene Stimme haben; bei denen, die aus der Sicht der politischen Elite und Machthaber keinen Wert außer als manövrierbare Masse haben. Diese Einmischung der Stimmlosen – die viel mit dem zu tun hat, was Paulo Freire als „Pädagogik der Unterdrückten" konzeptionell für den Bildungsbereich formuliert hat – hat die politische Landschaft Brasiliens – und ich möchte fast sagen Lateinamerikas – grundlegend verändert. Zwar wurden die Probleme nicht weniger, aber Politik wird seither unter einer anderen Perspektive gemacht, die die Maßstäbe für den staatlichen Machtanspruch umkehrt: Nicht an den Mächtigen, sondern an der Beteiligung der Gesamtbevölkerung, vor allem der Ausgeschlossenen, orientiert sich die Rechtfertigung von politischer Macht. Die Grundrechte aller wurden zur Leitlinie gesellschaftlicher Entwicklung.

Diese Veränderung hat der gesellschaftlichen Gestaltung eine andere Richtung gegeben und vielerorts auch zu veränderten politischen Machtkonstellationen geführt: Inzwischen werden andere Präsidenten gewählt – inzwischen erhalten soziale Programme einen anderen Stellenwert – inzwischen wird die Qualität der öffentlichen Dienstleistungen in den Bereichen Schule, Gesundheit und Transport, die sich an die gesamte Bevölkerung richten, als entscheidende Grundlage für die Entwicklung des Landes angesehen – inzwischen werden andere Mindestlöhne bezahlt – inzwischen haben auch weite Teile einer sozial ausgeschlossenen Bevölkerung ein anderes Selbstwertgefühl, mit dem sie ihre Rechte einklagen.

1.1 Persönlicher Zugang

17 Jahre (1987-2004) lebte und arbeitete ich in Brasilien, wurde selbst bewegt und zu einem Teil dieser Bewegung. Die ersten sieben Jahre verbrachte ich in der Megastadt São Paulo. 20 Millionen Einwohner – ich fühlte mich wie ein Niemand in einem nicht enden wollenden urbanen Meer. Es ist unmöglich, diese Stadt zu überblicken. Man sagt: „Man lebt nicht in São Paulo, man überlebt." Dennoch gibt es viele kleine Oasen – Orte, die Menschlichkeit und Kraft der Veränderung ausstrahlen. An dem Aufbau einer dieser Oasen konnte ich mitwirken, und das hat mich grundlegend geprägt: ein selbstbestimmtes Stadtteilprojekt inmitten von Slums in der Peripherie. Da fand sich eine Gruppe von Frauen aus der katholischen Gemeinde zusammen, die den Kindern, die sich auf dem Gemüsemarkt etwas Essbares zusammensuchten, eine Suppe kochten. Da gab es Bibelgruppen, in denen die Menschen sich selbst in ermutigenden Geschichten aus alter Zeit wiedertrafen. Da gab es ein unbebautes Grundstück der lutherischen Kirche. Da gab es starke Frauen in den Slums, die Empörung, Verzweiflung und auch Hoffnung mit sich trugen. Jahrelang passierte wenig, dann kamen die verschiedenen Menschen zusammen und erkannten ihr eigenes Potential.

Es war vieles vorhanden, und doch fehlte etwas. Die Megastadt fraß alle Energien und die Hoffnung, etwas bewirken zu können. Es wurden keine Schuldigen für die erlebten Missstände gefunden, niemand, an den man sich wenden konnte, um das einklagen zu können, was einem vom Gefühl her zustand. Jeder versuchte auf seine Weise sein Glück, lief den Wahlversprechen hinterher oder ordnete sich den teils ausbeuterischen Vorgaben der Unternehmen unter. Aus der Sicht eines Menschen, der damals noch nicht in dem Stadtteil lebte, versuche ich im Nachhinein zu verstehen, was zu einem bestimmten Zeitpunkt die Menschen und ihre Lebensbedingungen grundlegend verändert hat.

1) Die Entstehung eines breit anerkannten Stadtteilprogramms war nicht nur dem Zufall geschuldet. Es gab einen Auslöser und einen Willen, die gemeinsam eine Art Initiativkraft bildeten und die unterschiedlichen Menschen zusammenbrachten. Auslöser war die Empörung über die wachsende Zahl von Kindern, die von Essensresten lebten, die sie auf dem Gemüsemarkt aufgesammelt hatten. Aus Gesprächen darüber festigte sich eine Gruppe, die dies nicht mehr hinnehmen wollte – und einen Rückhalt bei anderen fand: Händler, die ihnen Gemüse und Fleisch gaben, die sie nicht mehr verkaufen konnten; ein Pastor, dessen Gemeinde ein leer stehendes Grundstück geerbt hatte; Mütter, die Angst um ihre Kinder hatten, und freiwillige Helfer, die die Idee, täglich den Kindern eine Suppe anzubieten, toll fanden.

2) Diese Initiativkraft hielt eine Weile, konnte aber allein keine Basis für eine weiterführende Veränderung aufbauen. Entscheidend war, dass die Menschen sich als Gruppe fanden und ihre Ideen zu einem handlungstragenden Leitbild verdichteten. Das geschah teils durch Bibelstudien, weil diese die

Aufmerksamkeit der Menschen immer wieder auf die Frage nach dem Wesentlichen richteten; das geschah durch die Unterstützung anderer, die dazukamen, durch Zuhören und Einbringen eigener Gedanken. Das weitete den Blick und lenkte ihn auf Chancen und Hindernisse. Und das geschah schließlich auch durch sogenannte „Zelebrationen", bei denen gefeiert und geteilt wurde. Die Konzentration auf das Wesentliche, das Beleuchten der größeren Rahmenbedingungen, die gegenseitige Selbstversicherung und Ermutigung sowie die Bildung gemeinschaftlichen Zusammenhalts – so würde ich aus heutiger Sicht die verschiedenen Elemente beschreiben, die seit 1986 die Initialzündung über Jahre hinweg trugen und verbreiteten.

3) „Bildung" und „Liebe" waren die beiden Stichworte, die immer wieder fielen, wenn es um die zentralen Merkmale des entstandenen Selbsthilfeprojekts Programa Comunitário da Reconciliação ging. „Bildung" stand für die Bewegung und für den Prozess, in dem wir – ich war seit dem zweiten Jahr des Bestehens dabei – spürbar an Erkenntnis, Verständnis und Handlungsmöglichkeiten wuchsen. Bildung brachte das versteckte und verstummte Potential der Menschen in der Peripherie zum Vorschein – sie waren teilweise selbst erstaunt, was sie bewegen konnten. Und Bildung zeigte jedem Einzelnen den Wert des Anderen, und wir entdeckten uns als Kollektiv.

Ein anderer zentraler Begriff wurde und wird heute noch in demselben Atemzug genannt: „Liebe". Es geht davon eine ungeheure Kraft aus, gemeinsam immer weiter zu machen, auf die Möglichkeit eines besseren Lebens und eines guten Ausgangs zu vertrauen.

Diese kurze Reflexion aus der Sicht eigener Erfahrungen verdeutlicht den Zusammenhang von Bildung und gesellschaftlichem Aufbruch von unten her. Methodisch setzte sich in vielen Gruppierungen ein Dreischritt *Sehen – Urteilen – Handeln* durch, der Aufschluss über das zugrunde liegende Bildungsverständnis gibt: Die klare Handlungsorientierung wird untermauert von einem analytischen Wissen um die kontextuelle Lebenswirklichkeit. Das Subjekt steht dabei nicht isoliert im Mittelpunkt, sondern entwickelt sich in kollektiven Dialogprozessen.

1.2 Paulo Freire – ein Name für eine Bewegung

Und damit komme ich zu einem Pädagogen, der wie kein anderer dieses Bildungsverständnis ausformulierte und in eine breite Diskussion stellte: Paulo Freire. Paulo Freire war ein Name, der auch in unserem Slumprojekt immer wieder auftauchte. Er wurde genannt, wenn wir über *die* Bildung redeten, die wir meinten. Er hatte so vieles in Worte gefasst von dem, was wir wollten, und gab der Bewegung Richtung und Strategie. In diesem Sinne wurde er zu einer Symbolfigur (zu einem Mythos – und ihm behagte dies überhaupt nicht, wie ich später vernahm), auf die sich alle schnell einigen konnten.

Hier ein paar Lebensdaten zu Paulo Freire:

Grunddaten aus dem Leben Paulo Freires

1921	geboren im Nordosten Brasiliens
1960-64	Erfahrungen mit Alphabetisierungsprogrammen im Nordosten und auf nationaler Ebene
1964-69	Gefangennahme unter der Militärdiktatur und Exil in Chile
1969	Professor in Harvard
1970-80	Arbeit beim Ökumenischen Rat der Kirchen in Genf
1980	Rückkehr nach Brasilien: Professor an UNICAMP und PUC/São Paulo
1989-91	Sekretär für das kommunale Erziehungswesen der Stadt São Paulo

In unserem Projekt bildeten sich mehrere Gruppen, die sich dem MOVA – dem Movimento de Alfabetização/der Alphabetisierungsbewegung, die in Verbindung mit Paulo Freire stand – anschlossen. Hierdurch erhielt das Projekt, das tagsüber vor allem mit den Kindern und Jugendlichen der umliegenden Slums arbeitete, nochmals eine festere Verankerung im Stadtteil, vor allem in der Bevölkerung der umliegenden Favelas. Für mich erstaunlich setzten sich die MOVA-Gruppen zu einem Großteil aus Frauen zusammen, die über 50 Jahre alt waren. Eine Lehrerin wurde durch den Verkauf von selbstgefertigten Süßigkeiten bezahlt.

1989 wurde Paulo Freire zum Bildungsminister der Stadt São Paulo ernannt, was einen ungeheuren Enthusiasmus nicht nur bei uns auslöste. Die MOVA-Gruppen erhielten Unterstützung von außen, vernetzten sich über die ganze Stadt hinweg und bekamen dadurch einen enormen Aufwind. Paulo Freire widmete sich darüber hinaus vor allem dem städtischen Schulsystem: Schule sollte lebensnäher und kritischer sein. Fehlende finanzielle Mittel, das schwierige Erbe eines vernachlässigten öffentlichen Bildungsbereichs und vieles mehr ließen ihn allerdings 1991 – im Alter von 70 Jahren – das Handtuch werfen. Wir waren natürlich enttäuscht, gaben aber trotzdem nicht auf, obwohl der Wind wieder stärker aus anderen politischen Richtungen wehte.

Der pädagogische Ansatz ist in seiner Essenz nicht durch theoretische Analyse zu verstehen, sondern durch Eintauchen in den lebensweltlichen Kontext. Die Theorie entwickelt sich aus dem gesellschaftlichen Aufbruch und prägt diesen. Insofern ergibt es Sinn, an dieser Stelle die Spuren des nationalen Wirkens Paulo Freires in den 1960er Jahren ein wenig differenzierter aufzunehmen.

Einen echten Schatz konnte ich dazu auf der früheren Website des Instituto Paulo Freire bergen. Statt einer biographischen Darstellung von Lebensdaten fand ich 32 kleine Erzählungen sehr unterschiedlicher Menschen, die ihre Begegnung mit Paulo Freire beschrieben. Diese Erzählungen wurden inzwischen von der Website genommen (den Grund weiß ich nicht ...) – glücklicherweise habe ich sie damals ausgedruckt und kann aus dieser reichen Quelle schöpfen.

Die Erzählungen geben wenig Einblick in theoretische Ansätze und Überlegungen, sondern haben ihre Stärke in der Erfahrungsperspektive der einzelnen Autorinnen und Autoren. Es kommen natürlich viele Menschen aus dem Bildungsbereich – darunter Universitätsprofessoren/innen und Lehrer/innen – zu Wort, aber auch Minister und Sekretärinnen. Dadurch kommt ein vielperspektivisches Bild von Bedeutsamkeit und Bewegung zustande, das sowohl die Gedanken als auch die Persönlichkeit Paulo Freires in seiner Wirkung auf andere nachzeichnet. Eine kleine biographische Wirkungsgeschichte.

1. 3 Geschichtlich-gesellschaftliche Spuren – Die Wirklichkeit der Unterdrückten lesen

Bevor ich mich intensiver mit einigen dieser Erzählungen auseinandersetze, möchte ich ein wenig in den geschichtlichen Kontext eintauchen, aus dem die ersten Berichte stammen. Sie sind aus einer Zeit, in der Paulo Freire national bekannt wurde. Im Juli 1963 wurde er von dem damaligen Minister für Bildung und Kultur berufen, einen „Nationalen Alphabetisierungsplan" umzusetzen. In dem Kontext der stark hierarchischen Gesellschaft Brasiliens Anfang der 1960er Jahre war das revolutionär. Die Eliten und das Militär bestimmten bis dato die politische Richtung, Analphabeten – und somit die große, von Armut betroffene Bevölkerungsmehrheit – hatten kein Recht, an den Wahlen teilzunehmen. Bereits in den 1950er Jahren regte sich mehr und mehr Widerstand aus dem linken politischen Lager, das der Bevölkerung insgesamt – aber vor allem den Arbeitern und Armen – stärkere Beteiligung an der gesellschaftlichen Gestaltung zusichern wollte. Der Höhepunkt dieser Bewegung war die Präsidentschaft von João Goulart zwischen 1961 und 1964. Er gab den Analphabeten das Wahlrecht und förderte gleichzeitig eine breite nationale Alphabetisierungskampagne, zu deren Leitung Paulo Freire berufen wurde.

Hier ein Rückblick in das Jahr 1963 durch den damaligen Minister für Bildung und Kultur Paulo de Tarso Santos:

> „Wir arbeiteten in dieser Zeit mit Landarbeitern in ‚Kulturellen Kreisen'. Einer der Teilnehmenden machte eine interessante Bemerkung. Es ging in der Diskussion darum, was der Unterschied zwischen ‚Welt' und ‚Kultur' sei. Einer der Bauern sagte sehr selbstsicher, dass es keinen wesentlichen Unterschied zwischen den beiden Begriffen gäbe. Die Leiterin gab zu bedenken: ‚Und wenn es keine Menschen gäbe [...]?' Der Bauer vervollständigte: ‚[...] dann gäbe es auch keine Welt! Einfach weil es keinen gäbe, der sagen würde, das ist die Welt.' Paulo Freire entdeckte in dieser Antwort enthusiastisch ein entstehendes Bewusstsein der Gestaltungsmöglichkeit von Welt."[2]

Hintergrund waren die vielversprechenden Erfahrungen mit der Methode Paulo Freires im Nordosten Brasiliens bei der Alphabetisierung Erwachsener durch die sogenannten *Kulturkreise*. Schon dieser Titel bringt andere Assoziationen hervor als

---

[2]   Santos, Paulo de Tarso, siehe: http://www.paulofreire.org/Paulo_Freire/Vida_e_Obra/vida_pf-htm, S. 6 (Zugriff: Mai 2008).

beispielsweise *Schule für Erwachsene* oder *zweiter Bildungsweg*. Der Ausdruck *Kultur* verleiht dem konkreten Bildungsgeschehen grundlegende Anerkennung als kulturell-gesellschaftliches Schaffen, die sich sowohl auf die Beteiligten als kulturelle Autor/innen als auch auf die Bedeutung des gesamten Bildungsprozesses bezieht. *Kreis* verweist darüber hinaus auf ein Miteinander ohne Bildungshierarchien als grundlegende Dynamik.

Kulturelles, gemeinschaftliches Bildungsschaffen nimmt den sozialpolitischen Kontext bewusst auf und wirkt in ihn hinein. Alphabetisiert wird durch *generative Wörter*, die aus der Lebenswelt der beteiligten Menschen stammen – z.B. *Ziegelstein (tijolo)* bei Menschen, für die fest gemauerte Häuser lebenswichtig sind, oder *Mehl (farinha)* als Grundnahrungsmittel. Lesen lernen bezieht sich sowohl auf die Lese- und Schreibkompetenz als auch auf das Bewusstsein der politischen Zusammenhänge der eigenen Lebensbedingungen. Insofern spricht Freire von der Lektüre eines Textes und seiner Welt.

Und nochmals zurück zu Paulo de Tarso Santos: „In diesem Sinn wird Bildung verstanden als soziale Kommunikation von Kultur. Sie entsteht eindeutig als ein ‚ideologischer' Prozess. ‚Ideologie' ist dabei ein Suchprozess ausgehend von dem, was ist, hin zu einer Vorstellung von dem, was sein soll. Eine ‚Ideologie' entwickelt sich somit als eine Veränderung hin zu einer größeren Humanisierung. Die in der Bildung Tätigen müssen eine klare Vision einer neuen Gesellschaft haben, aber nicht um sie den Bauern weiterzugeben, sondern um diese in ihrer eigenen kulturellen Kreativität herauszufordern."[3]

Bildung ist politisches Geschehen. Es steht bei Freire in der Perspektive notwendiger Teilhabe aller Menschen am kulturell-gesellschaftlichen Gestaltungsprozess. Immer wieder stellt Freire die Demokratie als Grundsatz einer gerechten Gesellschaftsordnung heraus und überträgt diesen auf die didaktisch-methodische Ausrichtung des Bildungsgeschehens. Bildung soll nicht nur der Demokratie verpflichtet sein, sondern sie muss diese in ihrer inneren Umsetzung konkret werden lassen: in der Wissensproduktion, in der Beziehung von Lehrenden zu Lernenden und in der Ausgestaltung des Lehrplans.

Letztlich geht es auch um die Orte, an denen eine so verstandene Bildung ansetzt: Ihr geht es gerade nicht um Karriereförderung von Einzelnen, die die soziale Segmentierung verschärft, sondern sie zielt prioritär auf sozial ausgeschlossene Menschen, taucht in ihre Lebenswelt ein und arbeitet von dieser ausgehend. Der symbolische und konkrete Ort von Bildung ist „dort, wo keiner hinwill"[4], und steht in direkter Verbindung mit dem Empowerment der Menschen – so würde man heute in der Fachsprache sagen – also mit der Befähigung dazu, eigenständig Schritte zur Befreiung von Unterdrückung zu tun. Eine solche klare Ortsbestimmung macht deutlich, wie dieser Bildungsansatz dem Grundsatz von sozialer Gerechtigkeit verpflichtet ist.

---

[3] Ebd.
[4] So die Erklärung einer Mitarbeiterin aus dem Programa Comunitário da Reconciliação.

Dazu Paulo Freire: „Meine Praxis mit den unteren Bevölkerungsschichten[5] in meinem Land hat mich sensibel gemacht; ich habe von und mit Gruppen aus einfachen Menschen gelernt. Mir wurde eine ganz neue Lesart eröffnet, die politisch-soziale Realität meines Landes wahrzunehmen. Meine radikale Haltung liegt in der gegenwärtigen Ungerechtigkeit begründet."[6]

Politische Bewusstseinsbildung zur Veränderung gesellschaftlicher Bedingungen – das ist kein neuer Aspekt, den Paulo Freire benennt. Neu ist seine Art, in die Orte von Ungerechtigkeit einzutauchen und diese zu Lernorten zu machen. Die Begegnung mit den unteren Bevölkerungsschichten eröffnet eine neue Lesart der Wirklichkeit, ändert die bisherige Wahrnehmung. Die direkte Konfrontation mit Leid, die Erfahrung von Schmerzen am eigenen Leib bestimmen die Beurteilung von und den Umgang mit Wirklichkeit.

Wenn wir diese Beschreibungen als Hintergrundfolie zu der in Deutschland immer noch aktuellen Diskussion um das dreigliedrige Bildungssystem nehmen, so wird die klare Positionierung deutlich, die Paulo Freire einfordert: Ihm würde es prioritär darum gehen, die Schülerinnen und Schüler, die in Haupt- bzw. Werkrealschulen abgestellt sind, zu unterstützen – und zwar nicht mit dem Ziel, diese auf einen von der Gesellschaft geforderten Wissensstand zu bringen, sondern sie vor allem dazu zu befähigen, ihre Lebenswirklichkeit *lesen* und sie entscheidend mitgestalten zu können. Das darüber stehende Ziel heißt natürlich gesellschaftliche Teilhabe – aber nicht als oftmals überfordernde Vorgabe, sondern als Chance für die von Armut Bedrohten. Weiterhin zu beachten ist, dass es Freire weniger um individuelle Bildungskarrieren geht, sondern um die (positive) kulturelle Gestaltungskraft, die von verschiedenen sozialen Gruppen ausgehen kann.

Diese Zeit des politischen Aufbruchs in Brasilien wurde am 31.03.1964 durch einen Militärputsch blutig beendet. Paulo Freire – wie auch viele andere politisch engagierte Menschen – war kurzzeitig im Gefängnis und musste dann ins Exil fliehen. Von 1964 bis 1969 hielt er sich in Chile auf und konnte an seine Aktivitäten in einem etwas veränderten Kontext anknüpfen. Dort in Chile entstand sein erstes grundlegendes Werk: „Die Pädagogik der Unterdrückten". In ihm verbinden sich christliche Grundsätze einer vorrangigen Perspektive der Ausgeschlossenen mit marxistischer Gesellschaftsanalyse, stark geprägt von der damals nicht nur sozialen, sondern auch politischen Abgrenzung polarisierter gesellschaftlicher Gruppen von Unterdrückern und Unterdrückten.

Diese polarisierte Einteilung in Unterdrücker und Unterdrückte ruft bei der Aufnahme Paulo Freires in Deutschland heute große Vorbehalte hervor. Durch die Verbreitung kommunikativer Technologien ist sicherlich eine differenzierte Betrachtung hinsichtlich der aktuellen Situation notwendig, aus der sozialen Perspektive betrachtet verschärfen sich auch in unserer gegenwärtigen Gesellschaft die Segmentierungs-

---

[5] Die Schlüsselworte „povo" (Volk) bzw. „popular" (zum Volk gehörig) werden sinngemäß als „einfache Bevölkerung/Menschen" übersetzt.

[6] Freie Übersetzung aus Freire, Paulo: Freire über Freire (1992). In: Freire, Paulo: Unterdrückung, Befreiung und Hoffnung. Münster 2007, S. 108 ff.

tendenzen. Die Bildung spiegelt diese wider und untermauert sie teilweise. Aus der Sicht der von Armut Betroffenen ist eine polarisierte Gegenüberstellung als Ausgeschlossene – hier wie anderswo – weiterhin zu großen Teilen zutreffend.

In den 1970er Jahren leitete Paulo Freire die Abteilung für Erwachsenbildung im Ökumenischen Rat der Kirchen in Genf. In dieser Zeit hatte er die Gelegenheit, sich in verschiedenen Teilen der Welt – vor allem in Ländern des globalen Südens – in der Entwicklung von Bildungsprogrammen zu engagieren. Solche kulturell und kontextuell vielfältigen Erfahrungen sind kaum anderen Pädagogen vergönnt. Sie machen seine Ausformulierungen reicher und vertiefen seine Überlegungen.

Erst zu Beginn der 1980er Jahre konnte er zurück nach Brasilien kommen. Verschiedene Universitäten eröffneten ihm ein neues Tätigkeitsfeld, eine davon war die Pontificio Universidade Católica in São Paulo (PUC-SP). Der Bericht seiner damaligen Kollegin Ivani Catarina Arantes Fazenda gab einen Einblick in seine wissenschaftlich unkonventionelle Art und Weise zu arbeiten, wodurch er das gesamte erziehungswissenschaftliche Post-Graduiertenzentrum auf den Kopf stellte. Bildung ist – so sein Ansatz – ein dialogisch-kommunikativer Prozess, der aus dem Kontext heraus relevantes Wissen schafft. Er verwies immer wieder darauf, dass aus Worten Lebenssinn heraus zu generieren sei. Ivani Fazenda benennt sinngemäß drei für sie wichtig gewordene Maximen: 1) Theorie ist nur sinnvoll, wenn sie von der Lebenswirklichkeit her eingefordert wird und dieser dient. Aus einem disziplinären Curriculum wurde folgerichtig ein interdisziplinäres. 2) Erneuerung heißt nicht, etwas aus dem Nichts heraus zu entwerfen, sondern benötigt die Weisheit, das Vorangegangene und den geschichtlichen Moment genau wahrzunehmen. 3) Die eigene gedankliche Kreativität darf nicht durch Andere gestört werden. Sie muss vor allem von der Zuwendung (Liebe) zur Lebenswirklichkeit getragen sein.[7]

Bis heute hat die Wissenschaft Probleme mit Paulo Freire, eben weil er wenig argumentativ geschärft und theoretisch sauber gearbeitet hat. Er war mehr ein Erzähler als ein Wissenschaftler. So bleibt vieles nicht zu Ende gedacht und manches auch widersprüchlich. Und trotzdem lebt diese Pädagogik bis heute. Das mag auch mit der Persönlichkeit Freires zu tun haben, auf die ich nun im letzten Teil dieses Kapitels eingehen will.

1.4 Paulo Freire als Person

Viele Berichte erzählen von persönlich prägenden Begegnungen mit Paulo Freire. Er wird beschrieben als ein fesselnder Gesprächspartner, ein großartiger Erzähler von Erlebnissen und beispielhaften Anekdoten sowie ein kreativer Erfinder von neuen Worten.

---

[7] Fazenda, Ivani Catarina Arantes, siehe:
http://www.paulofreire.org/Paulo_Freire/Vida_e_Obra/vida_pf-htm, S. 29-30 (Zugriff: Mai 2008).

Francisco Gutiérrez, ein engagierter Kommunikationspädagoge, arbeitete einige Zeit mit ihm zusammen und sagt kategorisch: Man kann die Ideen von Freire kritisch diskutieren, niemals aber die Person.

> „Seine verwundbare Persönlichkeit strahlt so etwas wie Zärtlichkeit und Güte aus. Sie ist transparent und bietet keinen Grund für Scheinheiligkeit. Seine Augen geben den Anderen grundlegende Achtung. Sie geben gerade den Mittellosen große Hoffnung und Würde."[8]

Da berichtet ein Begleiter Paulo Freires aus der Zeit beim Ökumenischen Rat der Kirchen von einer geplanten Sitzung mit ausgewählten Direktoren von UNICEF in New York. Doch als andere Mitarbeiterinnen und Mitarbeiter außerhalb der geschlossenen Gruppe von Freires Kommen hörten, wurde selbst das größte Auditorium im UN-Gebäude zu klein. – Da erzählt seine Sekretärin, wie überrascht sie immer wieder war, dass Briefe nur mit der Anschrift „Paulo Freire – São Paulo – Brasil" zuverlässig seine bescheidene Wohnung in der 20-Millionen-Stadt erreichten.

Was macht die Persönlichkeit Paulo Freire so besonders? Dies wird beeindruckend in den Episoden, Erfahrungen und Erkenntnissen umschrieben. Die Berichte sind mehr als Würdigungen, sie sprechen von Veränderungen, die in und durch die Begegnung mit Paulo Freire entstanden sind – Entdeckungen einer Erziehung mit immenser Gestaltungskraft und Lebendigkeit – wie es der Genfer Universitätsprofessor Pierre Furter ausdrückt. Er erzählt von seiner ersten Begegnung mit ihm:

> „Am späten Nachmittag am Tag meiner Ankunft im Nordosten Brasiliens – es muss im Jahr 1962 gewesen sein – habe ich den ‚Meister' getroffen, der in seiner Hängematte lag. Ich hatte noch nie etwas von ihm gehört – und gerade deshalb war dieser Abend für mich unerwartet und unvergesslich. Seine Erzählungen schienen kein Ende zu nehmen, und ich merkte, dass ich, nachdem ich so viele pädagogische Theorien vertieft hatte, schließlich eine Bildung angetroffen hatte, die jeden Tag auf's Neue gelebt wurde, die aus einem kritischen Bewusstsein einer problematischen Gegenwart erwuchs, aber eine vorrevolutionäre Zukunft in sich trug, die sich in einer konkreten Utopie eröffnete."[9]

Kennen Sie einen Pädagogen, dem von 27 Universitäten auf der ganzen Welt Ehrendoktortitel verliehen wurden?[10] Wer kann noch die Schulen, Kulturzentren oder Bildungsstätten zählen, die seinen Namen tragen?[11]

Wie er selbst anmerkte, wurde er zu einem Mythos. Und er fühlte sich sehr unwohl in dieser Rolle, da er um ihre Verführungskraft wusste. Verklärte Bilder von einer überhöht geachteten Person helfen nicht, die Wirklichkeit zu verändern – wie er mehrmals betonte. Oftmals kann eine solche überhöhte Erwartung schnell zu Ent-

---

8   Gutiérrez, Francisco, siehe: http://www.paulofreire.org/Paulo_Freire/Vida_e_Obra/vida_pf-htm, S. 11 (Zugriff: Mai 2008).

9   Furter, Pierre, siehe: http://www.paulofreire.org/Paulo_Freire/Vida_e_Obra/vida_pf-htm, S. 8 (Zugriff: Mai 2008).

10   Offizielle Anerkennung: 27 mal Ehrendoktortitel – Ehrenbürger von mehreren Städten – internationale Auszeichnungen wie z. B. Comenius Medaille der UNESCO.

11   Anerkennung von der Basis: Namensgebung von unzähligen Bildungseinrichtungen, vor allem in Lateinamerika und Afrika – in über 20 Sprachen übersetzt – Pädagogik der Autonomie: Auflage in Brasilien über 1.000.000.

täuschung und Frustration führen, weil die ersehnte radikale Änderung dann doch nicht durch die Person erfüllt wird. Auch solche enttäuschenden Momente finden in den Berichten einen Ausdruck.[12] Gleichzeitig schwingt immer wieder die Überlegung mit, dass es auch Personen geben muss, die bei vielen, oftmals stillschweigenden Menschen ungeahnte Potenziale zum Vorschein bringen und die Hoffnung mit konkretem Leben füllen, obwohl oder gerade weil alle Menschen in Widersprüchlichkeit und Begrenzung verhaftet sind. Paulo Freire personifizierte diese Widersprüchlichkeit: verwundbar und dennoch fest, bescheiden, offen und gleichzeitig klar in seinen Optionen, liebevoll und kämpferisch.

Paulo Freire verdient mehr als nur eine Würdigung, weil er die Transformation von unten verkörperte. Seine Worte wurden durch sein Auftreten und seinen Einsatz zu spürbar lebendigen Worten. Er bewegte andere durch seine Authentizität.

1.5 Grundsteine einer Pädagogik der Befreiung (der Unterdrückten)

Abschließend möchte ich die Grundsteine des von Paulo Freire vertretenen pädagogischen Ansatzes kurz benennen:

1) Der gesellschaftliche und ideologische Ort von Bildung ist die Peripherie, der Rand der Gesellschaft.
2) Im Zentrum steht nicht vorgefertigtes Wissen, sondern die Lebenswelt der Menschen.
3) Die Lebenswelt „lesen" zu lernen (d. h. größere Zusammenhänge herstellen sowie Widersprüche, Konflikte und Wertigkeiten erkennen), ist der Kern der politischen Alphabetisierung.
4) Maßstab und Horizont dieser „Lektüre der Lebenswelt" ist nicht nur die Realität, wie sie ist, sondern auch die Vision, wie sie sein soll.
5) Die „Kulturkreise" sind der Kern einer handlungsorientierten, Kultur schaffenden und gestaltenden Bildung.
6) Die dialogische Kommunikation, in der die Rollen der Lernenden und Lehrenden sich vielfach miteinander verzahnen und vermischen, bestimmt die Dynamik des Bildungsprozesses und der Wissensproduktion.
7) All diesen Aspekten grundlegend ist das Sich-Annehmen als schöpferische Wesen, wie es im folgenden Zitat aus seinem letzten zu Lebzeiten veröffentlichten Büchlein „Pädagogik der Autonomie" zum Ausdruck kommt:

„Eine der wichtigsten Aufgaben der kritischen Lehrpraxis besteht darin, die Rahmenbedingungen herzustellen, dank derer die Lernenden sowohl in ihrer Beziehung zueinander als auch in der gemeinsamen Beziehung zu den Lehrenden die tiefe Erfahrung des Sich-Annehmens üben; ein Sich-Annehmen als soziale und historische Wesen, als denkende, kommunizierende, sich verändernde, schöpferische Wesen; Wesen, die sich

---

[12] So z. B. bei da Silva, Jair Militão, siehe:
http://www.paulofreire.org/Paulo_Freire/Vida_e_Obra/vida_pf-htm, S. 30 (Zugriff: Mai 2008).

Träume erfüllen und in der Lage sind, zornig zu werden, weil sie zur Liebe fähig sind. Die sich als Subjekt annehmen, weil sie fähig sind, sich als Objekt zu erkennen. Sich selbst anzunehmen bedeutet nicht den Ausschluss anderer. Gerade das ‚Anderssein' des ‚Nicht-Ich' oder ‚Du' führt mich in aller Radikalität zur Annahme meines Ichs."[13]

Es gibt Zitate, die tauchen immer wieder in verschiedenen Zusammenhängen und Diskursen auf. Diese Worte Paulo Freires bringen das, was seine Praxis und seinen Ansatz von Bildung so besonders machte, auf den Punkt. Nicht die klare wissenschaftliche Analyse und die eindeutigen Schlussfolgerungen zeichnen ihn aus, sondern die Fähigkeit, in zwischenmenschlichen Lern- und Kommunikationsprozessen *Wissensschätze* zu heben. So hat es zumindest einmal eine Mitarbeiterin aus unserem Slumprojekt in São Paulo zum Ausdruck gebracht. Und das war genau das, was ihr und vielen anderen zu einem mentalen, emotionalen und schließlich auch gesellschaftlichen Aufbruch gefehlt hatte.

2 Pädagogik im Zeichen gesellschaftspolitischen Wandels – Die Weiterentwicklung der Pädagogik der Befreiung in Lateinamerika bis in die Aktualität

2.1 Entwicklungen zu Lebzeiten Freires

Bereits zu Lebzeiten Paulo Freires zeichnete sich eine Weiterentwicklung der Pädagogik der Befreiung ab. Während es sich im Aufbruch um non-formelle Lernorte vorwiegend in der Erwachsenenbildung handelte, kamen mehr und mehr auch die formalen Lernorte in Betracht. Der Anspruch der Pädagogik der Befreiung entwickelte sich von einem politisch motivierten Lernkonzept zu einem gesamtgesellschaftlichen Bildungsansatz, der zunächst einmal die Schulen, aber dann auch die Hochschulen in den Blick nahm. Den kontextuell-gesellschaftlichen Veränderungen entsprechend wurde das revolutionäre Pathos zunehmend weniger, die Transformation der Rahmenbedingungen von Bildung trat in den Vordergrund.

Der politische Einfluss dieses Ansatzes, der zu Beginn eher einer Bewegung gleichkam, darf nicht unterschätzt werden. Das zeigte sich bereits darin, dass Paulo Freire Ende der 1980er Jahre Bildungssekretär einer Metropole wie São Paulo wurde. Gleichzeitig wurde aber auch deutlich, wie umfassend und schwierig eine solche grundlegende Veränderung sein würde. Es galt einer jahrzehntelangen Tendenz der Abwertung all dessen, was öffentlich – und damit der armen Bevölkerung – zugänglich war, entgegenzutreten: Die schulische Infrastruktur war marode, die Lehrkräfte schlecht ausgebildet und bezahlt, den Schülerinnen und Schülern fehlte es an Basisvoraussetzungen wie Schulmaterialien und Lernmöglichkeiten in den kleinen Hausverschlägen sowie an Motivation. Dazu kam der andauernde politische Gegenwind, der beispielsweise die Haushaltsplanung, die für die Bildung ganz andere Anteile

---

[13] Freire, Paulo: Pädagogik der Autonomie. Münster 2008, S. 40-41.

forderte, zu einem äußerst mühsamen Geschäft machte. – Paulo Freire dankte zwei Jahre später ab und überließ das realpolitische Geschäft anderen.

2.2 Aufnahme Freires im Bildungswesen und in der Wissenschaft

Wie schon im vorhergehenden Kapitel ausgeführt, wurde Freire zu einer wichtigen Referenz auf dem Gebiet der Pädagogik wie auch der Politik. Das kann positiv, aber auch negativ gesehen werden. Positiv war und ist sicherlich, dass er ein „Vor-Bild" darstellte, das grundlegenden Veränderungen im Bildungsverständnis und -geschehen ein Gesicht und eine Sprache gab und somit identitätsstiftend wirkte. Kritisch zu sehen ist, dass die Inhalte seiner Pädagogik oftmals reduktiv wieder- und weitergegeben wurden und werden. Er wurde zu einer Leitfigur, deren Name (fast) zu einer Konfession wurde. Zumindest für Brasilien kann ich feststellen, dass nicht nur im Unterton oftmals geprüft wird, ob jemand Freireaner ist oder nicht.[14] Kritisch auseinandergesetzt hat sich Freire bereits zu Lebzeiten mit einer solchen falsch verstandenen Anhängerschaft in dem Werk „Pädagogik der Hoffnung" – in dem übrigens starke Parallelen zu Ernst Bloch, dem brasilianischen Theologen Rubem Alves, zu Ernst Lange oder auch zu Harwey Cox gefunden werden können. Bildung muss eine bewusste politische Option einnehmen, nämlich die der Verortung an der Peripherie bzw. in dem Beitrag für eine gerechte Gesellschaft, darf aber nicht zum Dogma werden, d. h. von einer festen vorgefertigten Ideologie ausgehen. Nochmals Paulo de Tarso Santos, der Kultusminister aus den 1960er Jahren:

> „‚Ideologie‘ ist dabei ein Suchprozess ausgehend von dem, was ist, hin zu einer Vorstellung von dem, was sein soll. Eine ‚Ideologie‘ entwickelt sich somit als eine Veränderung hin zu einer größeren Humanisierung."[15]

In Brasilien – aber auch in Teilen Afrikas und Asiens – ist die Aufnahme Freires in vielfältigen Bewegungen an der Basis breit verankert. Was sich im Laufe der Zeit verändert hat, ist der Einzug dieser Bewegungen in die Schulsysteme, was unschwer an den häufigen Namensgebungen von Schulen, vom Nordosten Brasiliens bis Guinea-Bissau oder Indien beispielsweise, zu erkennen ist – so zumindest mein Eindruck.[16] Ein wichtiges Indiz ist auch die Anzahl von Übersetzungen, Publikationen und Auflagen seiner Werke vor allem in Ländern des Globalen Südens.[17] Laut Untersuchungen von Kira Funke haben in Brasilien die Publikationen mit Referenz auf Paulo Freire sogar in den 1990er und 2000er Jahren deutlich zugenommen. Kennzeichnend ist, dass hierbei vor allem Lehrkräfte und Praktiker die Zielgruppen sind.

---

[14] Vgl. dazu auch bei Kira Funke die Situationsbeschreibungen ihrer Interviews über Paulo Freire in Brasilien: Funke, Kira: Paulo Freire. Werk, Wirkung und Aktualität. Münster 2010, S. 192 f.

[15] Santos, Paulo de Tarso, siehe: http://www.paulofreire.org/Paulo_Freire/Vida_e_Obra/vida_pf-htm, S. 6 (Zugriff: Mai 2008).

[16] Es liegen mir dazu keine genauen Zahlen vor, die diese Aussage bestätigen.

[17] In über 20 Sprachen übersetzt – Pädagogik der Autonomie: Auflage in Brasilien über 1.000.000.

In Brasilien können für den immer noch breiten Bekanntheitsgrad zwei Faktoren angeführt werden:

1. Die innergesellschaftliche Relevanz wird getragen von weiterhin grundlegenden Entwicklungen und Veränderungen im Bildungsbereich, die sich nicht nur auf die Schule, sondern auch auf soziale Basisbewegungen stützen. Nationale, regionale und kommunale Programme tragen diese Entwicklungen und weisen klare Referenzen zu Paulo Freire auf. Das Paulo Freire Institut in São Paulo ist in Modellprojekten ein bedeutsamer Initiator, Berater und Unterstützer. Dazu später ein Beispiel.
2. Aber auch die externe internationale Referenz auf Paulo Freire als brasilianischer Pädagoge unterstreicht die nationale Aufmerksamkeit. Zu lange und zu oft ist Brasilien vom Ausland bestimmt worden, jetzt schaut das Ausland nach Brasilien.

Im universitären Umfeld dagegen begegnet man Paulo Freire in wissenschaftlichen Abhandlungen – sowohl in Brasilien als auch in Deutschland – eher mit Vorbehalt und Zurückhaltung. Diese Aussage stützt sich sowohl auf eine umfangreiche Dissertation von Kira Funke als auch auf eigene Auseinandersetzungen.

Über mehrere Jahre haben wir uns im Comenius Institut mit der Herausgabe eines Readers mit Texten von Paulo Freire beschäftigt. Viele wurden aus dem portugiesischen Original übersetzt. Eine herausfordernde Aufgabe, denn die Beiträge wirken oftmals konfus: Teils erfindet Freire eigene Worte, teils unterbricht er seine Argumentation, um auf seine Kritiker einzugehen, teils wechselt er hin und her zwischen Erzählen und tiefgreifenden Gedanken. Es sind keine fachwissenschaftlichen Diskurse, wie wir sie aus der deutschen Literatur gewöhnt sind, sondern narrative, dialogische Abhandlungen: ein Lernen und Lehren im Umfeld von Politik und Religion.

Auch von seinem Ausgangspunkt her ist er schwer einzuordnen und zu charakterisieren: Einige mögen ihn einen unorthodoxen Marxisten nennen, er ist aber gleichzeitig zutiefst Demokrat, geht immer wieder auf wissenschaftliche Fragestellungen ein, bleibt aber auch Praktiker und Poet.

2.3 Weiterführung nach dem Tod Freires

1997 verstarb Paulo Freire. Noch zu seinen Lebzeiten erfolgte die Gründung eines Instituts in Brasilien, das seinen Namen trägt und renommierte Pädagoginnen und Pädagogen zusammenführt. Auch an anderen Orten der Welt bildeten sich Gruppen und Organisationen, die das Erbe Freires aufnehmen, indem sie seine Schriften übersetzen und verbreiten, Diskussionen anregen sowie emanzipatorisch-politische Bildungsprojekte unterstützen. Das Instituto Paulo Freire (IPF) in São Paulo wurde 1992 gegründet und gibt bis heute vielfältigen Initiativen und Projekten, Personen, Gruppen und Organisationen in über 90 Ländern Andock-, Austausch- und Unterstützungsmöglichkeiten. Das IPF in São Paulo führt selbst mehrere Programme durch – sehr intensiv und modellhaft mit einer Stadtverwaltung im Großraum São Paulo. Daran angegliedert sind ein Verlag und eine Bibliothek, die Dokumente und Publikationen aus der Zeit Freires bis heute einer breiten Öffentlichkeit zugänglich machen.

Wie kann man sich das Interesse erklären? Paulo Freire inspiriert weiterhin Bewegung in der Bildungslandschaft. Sein Ansatz stößt überall dort, wo Bildung von einem starken Wunsch nach gesellschaftlicher Veränderung getragen wird, auf Interesse. Wie gesagt, hat er sich dabei nicht für eine bestimmte parteipolitische Ideologie vereinnahmen lassen, sondern begründet sich in der Vision universaler Werte wie Bürgerschaft, Demokratie und Gerechtigkeit sowie in der anthropologischen Einsicht des Menschen als schöpferisches Wesen seiner Lebensbedingungen.

Um zu verdeutlichen, wie sich die Anstöße von Paulo Freire weiterentwickelt haben, werde ich drei aus meiner Sicht bedeutsame Einblicke und Perspektiven herausgreifen und vorstellen. Der erste Einblick schaut auf die Demokratisierung des öffentlichen Bildungssystems durch sogenannte „Schulräte" oder besser Schulparlamente, der zweite fokussiert die vielfältige Vernetzungsarbeit als grundlegende Dynamik von Bildung und der dritte nimmt eine inhaltliche Weiterentwicklung der Pädagogik der Befreiung als „Pädagogik der Erde" auf.

a) Demokratisierung des öffentlichen Bildungssystems durch Schulräte"/Conselhos Escolares

Eine qualitativ gute Schulbildung war schon zu Lebzeiten Paulo Freires ein zentrales Thema. In der weiteren Entwicklung geht es nicht nur um die Forderungen nach adäquaten Rahmenbedingungen und gut ausgebildeten Fachkräften, sondern der Hauptakzent liegt bei einer demokratisch-partizipativen Schuldynamik. Dreierlei soll damit erreicht werden: 1. Die öffentlichen Gelder für Bildung werden direkt von der Schulgemeinde transparent verwaltet und kontrolliert. Solches soll einerseits die weit verbreitete Korruption bekämpfen, andererseits einen sorgsamen Umgang mit dem Schulpatrimonium fördern. 2. Sinn und Zweck schulischer Bildung werden Thema eines Schulparlaments, in dem alle relevanten Gruppen (Schülerinnen und Schüler, Lehrkräfte, Eltern, weitere Angestellte sowie Vertreterinnen und Vertreter des Stadtteils) beteiligt sind. Prioritäten, bauliche Veränderungen oder Investitionen müssen gemeinsam diskutiert und entschieden werden. 3. Demokratisches Lernen ist das Stichwort für einen vom Kontext der Schülerinnen und Schüler aus gestalteten Lernprozess. Ihre Fragen, Anliegen und Themen sollen stärker in den Schulalltag einfließen. Gleichzeitig wird ihnen eine Mitverantwortung für ein gelingendes Lernklima übertragen.

In einem Modellprojekt im Großraum São Paulo führt das Paulo Freire Institut Vertreterinnen und Vertreter von Schulparlamenten in einem Netzwerk zusammen, stützt sie in ihren Anliegen und Schwierigkeiten und öffnet den Blick auf die kommunale Schulpolitik.

Aus den Diskussionen im Schulparlament gingen Initiativen von Schülerinnen und Schülern wie Schulradio oder Stadtteilsport am Wochenende hervor, die begleitet und unterstützt wurden. Nicht nur die eigenverantwortliche Planung und partizipative Durchführung, sondern auch die damit verbundene inhaltliche Reflexion bewirkten eine spürbare Verbesserung des Schulklimas. Die Lebenswelt der Lernsubjekte als Ausgangspunkt für Bildung oder auch die kollektiv-dialogische Konstruktion von Wissen sind Stichworte, die einen klaren Bezug zum Ansatz von Paulo Freire ausweisen.

Zwei weitere Beispiele resultieren aus meiner eignen Erfahrung im Rahmen meiner Tätigkeit an der Universidade da Amazônia in Belém. Das Projekt „Conselhos Escolares" mit Teilfinanzierung durch UNICEF unterstützte die sich bildenden Schulparlamente sowohl bei ihrer Entstehung (Info-Blatt über rechtliche und bildungspolitische Grundlagen, Moderation bei Wahlen und Sitzungen, Weiterbildung und Austausch der gewählten Schulparlamentarier) als auch in der Umsetzung beispielhafter Aktionen:

Rádio pela Educação[18]

The challenge: The aim of sustainable development in Amazonia will not succeed unless the basic education includes the largest possible number of children and adolescents in the region. An alliance between public schools and the radio, which is the major vehicle of communication and cultural interchange in the region, amplifies the capacity of creative strategies for superior education with the greatest possible range.

General objects: 1. To sensitize schools and communities, thus creating opportunities for a process of information and communication, mediated by the radio; 2. to contribute to the pursuit of full citizenship by means of subject-matters supporting the development of a critical and constructive sense of new values in the school communities of the municipalities of Santarém and Belterra, based on experiences of the classroom.

Aim: Production of educational radio programmes for 39.039 students of the 1st to 4th series and 1.371 teachers of the Public Municipal Networks of Education (Redes Públicas Municipais de Educação) of Santarém and Belterra, of 30 minutes each, transmitted during 41 months on Mondays, Wednesdays and Fridays.

Children in focus: The project „Rádio pela Educação" advances in the guarantees of the basic right to a qualified education. The adequate technology is able to realize an interactive educational dynamic in difficult conditions of a geographic isolation. The radio programme enables the children and adolescents to gain the opportunity of development as participating and responsible subjects in the construction of their social environment. This strategy contributes to reduce the school repetition/failures

---

[18]   Auszug aus einem eigenen Evaluationsbericht, erstellt im Juni 2000.

and evasion, mainly in the countryside, where the situation of schools is extremely precarious.

> „The radio is in the blood of the Amazon,
> because it's constructed by the voice of the people who live here!"
> (Fábio Anderson Rodrigues Pena, reporter of the Rádio pela Educação)

b) Netzwerkbildung

Ein wichtiges Erbe Paulo Freires ist die bewusste und aktive Einbindung der Bildungsakteure in die gesamtgesellschaftliche Gestaltung. Die Bewusstseinsbildung der Ausgeschlossenen und Unterdrückten hin zu Subjekten ihrer Lebenswelt ist gebunden an Austausch- und Aktionsgruppen, in denen die sich befreiende und entdeckende Person einen notwendigen Resonanzkörper für Wissensproduktion, Weltlektüre und Initiativen erhält. Schon Paulo Freire hat das Bildungsgeschehen als eminenten Kommunikationsprozess aufgefasst, sowohl auf der Dialogebene mit den Lehrenden/Lernenden als auch auf der Handlungsebene in Auseinandersetzung mit Lebensentwürfen und -bedingungen. Bereits zu seinen Lebzeiten wurde die Erwachsenenbildung getragen von einer „Bewegung zur Alphabetisierung" (Movimento de Alfabetisação). Bildung muss die Beteiligten bewegen, was wiederum in einer gemeinsamen Bewegung Ausdruck und Bestärkung findet.

Schon bei der Alphabetisierungsgruppe in unserem Stadtteilprogramm Anfang der 1990er Jahre stand das Zusammenfinden in einer Lerngruppe an erster Stelle. Gleich danach gab es regionale Treffen im größeren Umfeld des Stadtgebiets, in denen sich sowohl die Beteiligten als auch die Leitenden austauschten. Immer wieder gab es aber auch überregionale oder gar nationale Foren – z. B. das nationale Bildungsforum –, bei denen bildungspolitische und allgemeinpolitische Fragen diskutiert wurden.

Die Zielsetzungen auf all diesen Ebenen können in zwei unterschiedliche Richtungen aufgeteilt werden: a) Nach innen steht die qualitative Verbesserung des Bildungsgeschehens im Mittelpunkt und b) nach außen geht es um damit zusammenhängende übergreifende Fragen der gesellschaftlichen Rahmenbedingungen und Entwicklungen. Bildung steht in engem Zusammenhang mit der Einübung und Durchführung von basisdemokratischen Prozessen, die ihre Maßstäbe und Horizonte weit über den Lernerfolg der Einzelnen fassen.

Dass diese Weite eine große Herausforderung darstellt bzw. Interessenskonflikte provozieren kann, ist schnell einsichtig. Sowohl die Vielfalt und Komplexität der Anliegen – vom individuellen Lernprozess bis zu gesellschaftlichen Entwicklungen – als auch die teilweise stark emotional besetzte und polarisierte politische Auseinandersetzung stellen leicht eine Überforderung für das Bildungsgeschehen dar: Wo liegt die Hauptaufmerksamkeit? Wie können individuelle Probleme ebenso Resonanz finden wie die Rahmenbedingungen? Wie kann man sich gegenseitig Kraft geben, wenn alle nur unter großen Anstrengungen ihr Überleben sichern können?

Trotz bzw. aufgrund dieser Herausforderungen stellt der Bereich der Netzwerkbildung m. E. eine zentrale Weiterentwicklung der Pädagogik Paulo Freires dar. Sie wurde vom IPF bewusst aufgenommen und in einem Modellprojekt in Osasco, einer Stadt im Großraum São Paulo, in Kooperation mit der Kommune umgesetzt. Es wurden vielfältige Unterstützungsmechanismen – wie Mediation, Prozessbegleitung, Weiterbildung, Evaluation sowie Finanzierungsmöglichkeiten – eingerichtet, so dass die eigentlichen Gruppen vor allem bezüglich grundlegender Rahmenbedingungen ein Stück weit entlastet, trotzdem aber immer wieder inhaltlich auf den gesellschaftspolitischen Kontext angesprochen werden konnten.

Bezeichnend ist die Integration der verschiedenen Bildungsakteure auf sehr vielfältigen Ebenen. Durch die vielen Foren und Aktionsgruppen konnten Schulen, Nichtregierungsorganisationen, Bildungspolitiker und Universitäten näher zusammenrücken. Es ist klar, dass das Gelingen einer Kooperation lokal und regional differenziert betrachtet werden muss, da es von mehreren Faktoren, vor allem auch von der Offenheit der Akteure, abhängt. Trotzdem sind inhaltlich fruchtbare Begegnungen und Bewegungen schon bei einem aufmerksamen Durchsehen des Internetauftritts des IPF schnell einsichtig.

c) Pädagogik der Erde

Die bedeutsamste inhaltliche Weiterentwicklung der Gedanken Paulo Freires liegt aus meiner Sicht in der Öffnung des Bezugsrahmens des Bildungsgeschehens von der gesellschaftlichen Lebenswelt her auf das gesamtökologische Lebenssystem. Ich möchte meine Ausführungen im Folgenden mit zwei Personen verbinden, bei denen die zentralen inhaltlichen Aspekte vor allem durch ihre umfassende Publikationstätigkeit Ausdruck erhalten. Beide haben Anteil an der Ausarbeitung der Erd-Charta[19], ein Dokument grundlegender Prinzipien für nachhaltige Entwicklung. Für viele hat die Erd-Charta eine Bedeutung, die der der Menschenrechtserklärung nahe kommt. Die Erde und ihre Ressourcen erhalten in ihr einen Rechtsstatus auf Integrität wie die Menschen.

Ein erster Impuls dazu ging von einer Empfehlung des Brundtland-Berichts 1987 aus. In einem langen Diskussionsprozess, der bei dem „Globalen Forum Rio-92", das parallel zum Erdgipfel Rio 1992 stattfand, einen Höhepunkt hatte, wurde schließlich im Jahr 2000 das Dokument in seiner endgültigen Form verabschiedet. Schon im Jahr 1992 war das in der Gründung befindliche Instituto Paulo Freire über Moacir Gadotti, einen seiner Gründer und Direktoren, an zentraler Stelle an der Entwicklung und später an der Verbreitung und Umsetzung der Erd-Charta beteiligt.[20] Im Jahr 1997 wurde eine Internationale Kommission zur Weiterentwicklung

---

[19] Erd-Charta, siehe: http://erdcharta.de/die-erd-charta/der-text/ (Zugriff: 12.09.2013).
[20] Hierzu die Einleitung und das Kapitel 1 „O Instituo Paulo Freire e a Carta da Terra" der Veröffentlichung von Gadotti, Moacir: A Carta da Terra e a Educação. São Paulo 2010, S. 13-27.

des ersten Entwurfs der Erd-Charta gegründet, in die auch Paulo Freire noch kurz vor seinem Tod berufen worden war. Seine Stelle nahm dann Leonardo Boff ein.

Moacir Gadotti gab im Jahr 2000 u. a. das Werk „Pädagogik der Erde" heraus, in dem er ein klares Zeichen für eine notwendige Referenz eines Bewusstseins für die Erde setzte. Diese war auch schon in der letzten Veröffentlichung von Paulo Freire zu spüren:

> „I do not believe in lovingness among men and women, among human beings, if we are not able to love the world. Ecology gains a fundamental importance in the end of this century. It has to be present in any educational practices that are radical, critical and liberating."[21]

Neben die „Befreiung" als essentielle Perspektive der Mensch-Werdung tritt die „Erde", die Gaia, als Mutterboden der Existenz. Dieser pädagogische Ansatz knüpft damit – viel stärker als die europäische Diskussion um Nachhaltigkeit – an Vorstellungen aus den Naturreligionen an, deren Erbe sowohl in den Anden als auch in den Urwäldern Lateinamerikas weiterhin präsent ist.

Mit dieser Grundlage hatte sich schon zuvor Leonardo Boff intensiv auseinandergesetzt, diesmal als Weiterentwicklung der Theologie der Befreiung. Der Bruch mit dem Vatikan und die damit verbundene Niederlegung des Priester- und Lehramts in der katholischen Kirche öffnete sein Denken hin zu Kosmologie und Ökologie, ohne dass er sich dabei von der Perspektive eines gerechten Zusammenlebens entfernte. In dem auch auf Deutsch veröffentlichten Buch „Ethik für eine neue Welt"[22] leitet er ein universales Weltethos von einer notwendigen ökozentrierten Perspektive ab. Die soziale Gerechtigkeit wird dabei aus den grundlegenden Imperativen *Achtsamkeit, Solidarität, Verantwortung* und *Dialog* begründet.

Dieses geschieht nicht auf einer rationalen oder moralischen Ebene, sondern auf existentiellen Überlegungen zum Mensch-Sein. Boff vertieft – auch in Anlehnung an Martin Heidegger – in seinem Buch „Saber cuidar"[23] das *Sich-Sorgen um Jemanden* oder *um Etwas* als die grundlegend-essentielle Seins-Weise des Menschen. Er stellt die Seins-Weise oder Grundhaltung *Sich-Sorgen um* gleichberechtigt neben die der *Arbeit*. Während sich die Aufmerksamkeit bei der ersten Grundhaltung auf das Heil – „*Care*" – des Gesamtzusammenhangs richtet, geht es der zweiten um Intervention und Veränderung. Boff baut kein Entweder-Oder auf, sondern stellt beide nebeneinander als notwendige Ergänzung. Ein grundlegendes Problem entsteht aus der Dominanz der *Arbeit* unter Verlust des *Sich-Sorgens*.

Dies alles ist nicht neu. Boff selbst bezieht sich auf Martin Heidegger, auch bei Erich Fromm lassen sich viele solcher Grundgedanken über das Sein finden. Interessant sind der Hintergrund und der Horizont einer gesellschaftspolitischen Befreiungstheologie, die bei Boff nie ganz aus dem Blick gerät.

---

[21]   Freire, Paulo: Pedagogia da indignação: cartas pedagógicas e outros escritos. São Paulo 2000, S. 66-67.

[22]   Düsseldorf 2000.

[23]   Petrópolis 2003.

Dieser Bezug lässt sich problemlos mit der schon bei Freire stark eingeschlagenen Systemkritik verbinden und wird erweitert zu einer Kulturkritik. Demnach führt der Kapitalismus zu sozialem Ausschluss und gesellschaftlicher Segmentation, die Moderne entfremdet den Menschen von seinem Lebensgrund und seinen Mitlebewesen. Boff begreift die Gegenwart als eine Phase der Rückbesinnung auf das existentiell Bedeutsame im Leben, des Zurückkommens zu dem gemeinsamen Haus: der Erde. Sie ist eine Phase der Menschheit.

> „Today we are in a new phase of humanity. We all are returning to our common house, the Earth: the people, the societies, the cultures and religions. Exchanging experiences and values, we enrich ourselves and we complete ourselves mutually (…)
>
> (...) We go to laugh, to cry and to learn. To learn especially how to marry Heaven and Earth, namely, how to combine daily life with the surprising, the opaque immanence of the days with the radiant transcendence of the spirit, life at full freedom with death symbolized as to join the ancestors, the discrete happiness of this world with the great promise of eternity. And finally we will have discovered thousands of reasons to live more and better, all together, like a great family, in the same beautiful, generous and Common Village, the planet Earth."[24]

2.4 Fazit

Das Instituto Paulo Freire ist nicht die einzige Spur der Rezeption und Weiterentwicklung einer „Pädagogik der Befreiung". Es soll erwähnt werden, dass die Gruppe um das IPF im Konflikt mit der Witwe Freires, Ana Maria Freire, steht. Bei dieser Auseinandersetzung geht es um Copyrights und „legitime Erben". Dennoch eröffnete mir das Institut eine Möglichkeit, die Komplexität zu bündeln und inhaltlich auf die drei genannten Aspekte hin zu fokussieren. Zweifellos ist es eine Referenz, die den Namen weiterträgt und damit auch das Anliegen von einer Person her identifiziert.

Als Fazit kann festgestellt werden, dass nicht nur inhaltliche Ansätze der Pädagogik Paulo Freires weitergeführt werden, sondern diese auch für die pädagogische Praxis weiterhin inspirierend wirken – und das auf sehr unterschiedlichen Ebenen wie der Bildungspolitik, der Lehrerfort- und Weiterbildung, der Schulorganisation oder der Verbindung mit zivilgesellschaftlichen Bewegungen. Diese Wirkung auf die Praxis ist intendiert, wie die Art der Veröffentlichungen zeigt, und ist erfolgreich, worauf die große Akzeptanz bei den Zielgruppen der Veröffentlichungen hindeutet.

Das folgende Kapitel will zentrale Aspekte der Pädagogik der Befreiung auf aktuelle Bildungsdiskussionen hin aufnehmen und vertiefen.

---

[24] Boff, Leonardo: Casamento entre o céu e a terra. Rio de Janeiro 2001, S. 9.

3 Pädagogik im Zeichen globalpolitischer Transformationen – Grundsteine für eine Pädagogik der Zukunft

3.1 Generative Wörter

Nun möchte ich nun auf die zentralen Aspekte einer Pädagogik im Zeichen politischer Transformation eingehen, die für eine „Bildung für die Zukunft" – wie es von Edgar Morin ausgedrückt wurde – relevant sein könnten. Ich versuche dies über sogenannte „generative Wörter" zu erläutern – eine Methode, die auch von Paulo Freire bereits angeregt wurde. Generative Wörter stellen grundlegende Schlagworte der Lebenswelt dar, die der Gruppe einen vertiefenden Einblick eröffnen sollen, um ihre eigene Lebenswelt zu „lesen". So wie in der Wissenschaft zunächst von der zumeist vorgegebenen Definition der Worte ausgegangen wird, wird durch diese Methode der Ursprung des „Begriffes" wieder herausgestellt: Worte werden *begriffen,* indem sie durch die eigene Lebenswelt hindurch betastet und schließlich gelesen werden.

Es geht dabei um Prozesse kritischen Hinterfragens und Entdeckens. Im wissenschaftlichen Umfeld würde ich sie vielleicht mit „strukturierenden Reflexionskategorien" übersetzen. Fünf generative Wörter bzw. Grundsteine für eine Pädagogik der Zukunft habe ich im Hinblick auf die Herausforderungen globalpolitischer Transformationen ausgewählt:

POLITIK – UTOPIE – TRANSFORMATION – EMOTIONALITÄT – KOMMUNIKATION

1.
Der Begriff POLITIK hat seinen Ursprung in dem griechischen Wort „Polis", das normalerweise mit „Stadt bzw. Staat" übersetzt wird. Im Altertum galt die Stadt als Markierung für den relevanten gesellschaftlichen Zusammenhang. Relevant deshalb, weil innerhalb dieser Markierung eine gemeinsame Verantwortlichkeit im Rahmen einer demokratischen Gestaltung bestand. Politik in diesem Sinne bedeutet Verantwortung für den gemeinsamen gesellschaftlichen Gestaltungsbereich.

Hinterfragen könnten wir, welche Assoziationen und Praktiken mit dem Begriff Politik heute ausgelöst werden. Diese bewegen sich schnell im Rahmen von Parteien und Ideologien, stecken damit Grenzen und Gräben ab, sortieren uns in einander widersprechenden Gruppen. Bedeutet dann „politische Alphabetisierung" die Einführung in eine solche Gruppe? Oder geht es heute nicht vielmehr darum, unsere gemeinsame Verantwortung für den aktuell relevanten Zusammenhang – und das kann nur die entstehende Weltgesellschaft sein – zu übernehmen, d. h. diesen gemeinsam gestalten zu wollen und zu müssen?

Bildung hat diesen Auftrag gesellschaftlicher Gestaltungsverantwortung, nicht nur als Thema unter anderen, sondern als mitgestaltenden Prozess. Deshalb müssen wir immer wieder anfragen, auf welcher politischen Basis und wofür bildet die Bildung aus? Da fällt auf, dass die formale Bildung fast ausschließlich von individuellen Kompetenzen ausgeht, was auch ihr Hauptanliegen widerspiegelt, nämlich die Befähigung einzelner Menschen als Teile eines unhinterfragten Systems. Dagegen hielt Paulo Freire: Bildung soll zum Menschsein befähigen, als Einzelperson und als gesellschaftliches Kollektiv. Bildung in diesem Sinn verstanden setzt andere Prioritäten, geht von der Lebenswelt aus und will diese menschenwürdig verändern. Bildung kann gar nicht unpolitisch sein, sie gestaltet Gesellschaft faktisch mit – aber sie kann es entweder in einer bewussten Auseinandersetzung tun oder das Gegebene unbenannt voraussetzen.

2.

Die UTOPIE schließt direkt an diesen Gedankengang an. Ohne Bilder von dem, was wir wünschen, wollen und anstreben, bleiben wir dem Gegebenen verhaftet. Bilder von einer Menschheit als „großer Familie" (Desmond Tutu), als „lebendiger Körper" (1 Kor 12,12ff.), von „Schwertern zu Pflugscharen" oder von einem Zusammenleben, das von Grundrechten getragen wird, inspirieren das Handeln in der Gegenwart auf der Suche nach etwas Besserem. Das ist nicht neu – und deshalb werden Utopien auch bekämpft, indem sie als illusorische Träume lächerlich gemacht werden, indem ein radikaler Realismus sowie das begrenzte Glück im Jetzt gepredigt werden oder auch wenn die Hoffnungslosigkeit jegliche Initiative zur Veränderung zerschlägt.

> „Der Traum von der Menschlichkeit, dessen Umsetzung immer ein Prozess ist und immer in die Zukunft weist, ereignet sich durch den Bruch mit den realen und konkreten Ketten der wirtschaftlichen, politischen, sozialen und ideologischen Ordnung, die uns zur Unmenschlichkeit verurteilt. Der Traum ist somit eine notwendige Forderung oder Bedingung, die sich ständig in der Geschichte – die wir gestalten und die uns gestaltet und verändert – stellt."[25]

„Wir sind wie Erzieher-Propheten: wir schauen aufs Chaos und entdecken die Utopie." Dieses Zitat stammt von Paulo Freire auf dem 1. Kongress der Alphabetisierenden von São Paulo 1990. Weiter sagte er: „Erzieher-Propheten, das heißt, erfüllt von seiner Zeit, Geschichte zu machen."[26] Visionen zu wecken, Neues inmitten von Chaos erkennbar zu machen, das ist ein Akt von Prophetie, der das Bestehende von einer wünschenswerten und möglichen Zukunftsperspektive her in Bewegung setzt – die Grundaufgabe von Bildung! Bildung geschieht in der Auseinandersetzung und In-Beziehung-Setzung mit Lebenswirklichkeit, in der Entdeckung von Zukunft bzw. Utopie und in der Entwicklung gemeinsamer Bilder. Bildung geschieht als Prozess – und wenn ein Prozess keine das Hier und Jetzt transzendierende Hoffnungsvision hat, stagniert er.

Was sind unsere Utopien? Wo reden wir mit wem darüber? Welchen Stellenwert haben sie in unseren Bildungsformaten?

---

[25] Freire, Paulo: Pedagogia da Esperança. Rio de Janeiro 1994, S. 99 – eigene Übersetzung.

[26] Graciani, Maria S. Santos (o. J.): Momentos que não dá para esquecer. Textos sobre a vida de Paulo Freire, siehe: http://www.paulofreire.org/Paulo_Freire/Vida_e_Obra/vida_pf-htm, S. 34-35 (Zugriff am: 20.06.2007).

3.

Das dritte generative Wort ist TRANSFORMATION. Für Paulo Freire war dies ein zentrales Bildungsziel: Bildung schafft Bewegung – und diese muss benannt und bewusst reflektiert werden, und zwar als kollektives Geschehen. Freire führt dazu die Pole „Chaos" und „Utopie" ein: das „Chaos" – wo und wie leben wir, was be- und erdrückt uns, was sind die Gründe dafür? – und die „Utopie" – was wollen und möchten wir, was steht uns zu, wohin können wir? Beide Begriffe stehen in einer mit Spannung geladenen Beziehung, die wie bei der elektrischen Spannung Aktion hervorbringt. Nur wenn diese beiden Dimensionen bewusst wahrgenommen werden, kann auch die Bewegung bewusst gestaltet werden. Ansonsten verharrt man in der Bewegungslosigkeit bzw. wird von fremdgesteuerten Bewegungen mitgerissen.

Aktuell steht eine große, tief- und weitgehende Transformation unserer Lebensweisen an: Wir müssen in unserem Umgang mit Mitmensch und Natur „zukunftsfähig" werden. Die Utopie von Gerechtigkeit steht in Verbindung mit der Vorstellung eines Lebens in Einklang mit der Natur. Die Notwendigkeit ist allen klar, das Chaos ist evident, die Utopien gibt es seit Menschengedenken, aber die Spannung beider Pole zueinander wird oftmals harmonisiert, weil die notwendigen Transformationen vieles in Frage stellen. Individuelles und gesellschaftliches Leben existieren nicht ohne Bewegung, ohne ständige Transformation, jedoch wie soll diese gestaltet werden, welche Richtung soll sie einnehmen? Transformation ist emotional aufgeladen: Für die einen löst sie Gefühle von Verlust und Aufgabe von Erreichtem aus, für andere bedeutet sie Hoffnung auf Besseres.

Für die Bildung ergeben sich daraus grundlegende Herausforderungen, wie Wissen mit Transformation in Verbindung gebracht werden könnte.

4.

EMOTIONALITÄT führt diesen letzten Gedanken von Utopie und Transformation weiter fort. Der zunächst unscharfe Begriff lenkt uns auf das Feld der Zwischentöne des Bildungsgeschehens: Es werden Beziehungen aufgebaut, die von Hierarchie oder Miteinander, von Abwertung oder Zuspruch gezeichnet sein können; Lernende entdecken neue Zusammenhänge, erarbeiten neue Perspektiven auf ihr Leben bzw. für ihr Leben. Aus einer einseitigen Fokussierung auf zertifizierbares Wissen wird in der formalen Bildung diese Dimension zu wenig beachtet. Die Bedeutung für Freire liegt vor allem darin, die innere Erstarrtheit der Menschen angesichts scheinbar aussichtsloser Situationen aufzubrechen. Bildung muss Bewegung in verkrustete Verhältnisse bringen, den Menschen Raum und Rückhalt geben, sich durch den und im Anderen anzunehmen und sich als schöpferisches, veränderndes Wesen zu erfahren. Das ist Befreiung – Befreiung, wenn der Einzelne sich aus einem internalisierten Vorurteil eigener Unfähigkeit lösen kann; Befreiung, wenn verbreitete Resignation aufgebrochen wird und Hoffnung auf gerechtere Beziehungen Form annimmt.

Auf unseren aktuellen Kontext übertragen, spielen die Zwischentöne weiterhin eine wichtige Rolle: Wie fühlen sich die Menschen, wenn sie lernen? Inwiefern nimmt der Leistungs- und Karrieredruck die Menschen gefangen? Inwiefern wird das Wissen für ihre Persönlichkeitsentwicklung bedeutsam? Oder weiter gefasst:

Wie entstehen Wertegrundlagen? Wie wirken diese auf das Handeln? Solche und andere Fragen stellen das Bildungsgeschehen in den Fokus anderer Aufmerksamkeiten und Perspektiven.

5.

KOMMUNIKATION wirft schließlich noch ein Licht auf die grundlegende Dynamik im Bildungsgeschehen. Freire verweist auf die Form von Kommunikation, die vor allem von der Beziehung zwischen Lehrenden und Lernenden bzw. der Lernenden untereinander sowie von den Inhalten getragen wird. Mit der prioritären Aufmerksamkeit auf die Lernenden selbst sowie auf die transformative Gestaltung der Lebenswelt erhält Bildung eine notwendige Offenheit, die aus dem Kontext heraus lebt. In ihr geht es um kritische Auseinandersetzung mit dem, was ist, und dialogisches Ringen um das, was sein kann.

> „Bilden ist keine Handlung, durch die ein gestaltendes Subjekt einem unentschlossenen und angepassten Körper Form, Stil oder Seele verleiht. Es gibt kein Lehren ohne Lernen. Wer lehrt, lernt beim Lehren, und wer lernt, lehrt beim Lernen."[27]

Das Rollenverständnis von Wissenden und Nicht-Wissenden, Lehrenden und Lernenden wird aufgebrochen. Lernen geschieht beidseitig und setzt gegenseitige Anerkennung der bestehenden Erfahrungen und Wahrnehmungen von Welt voraus. Dennoch bedarf es in diesem Prozess einer katalysierenden und unterstützenden Aktion durch Erzieherinnen und Erzieher, die nach Paulo Freire zentral an die Sprach- und Kommunikationsfähigkeit gekoppelt ist. Hierin besteht der Grundstein für die Alphabetisierung sowie in anderer Form für jegliche Bildungsprozesse. Sprache muss sich von beherrschenden Formen und Bildern befreien und zu einem authentischen Ausdruck eigener Lebenserfahrung werden. Die aktive Gestaltung eigener Sprachbildung geht wiederum einher mit einer bewussten Wahrnehmung der eigenen Wirklichkeit. In diesem Prozess müssen sich auch die Lehrenden öffnen, um andere Sprachen zu erlernen, versteckte Symbole des Ungesagten und des Unsagbaren zu entdecken.

Einwurf

> „Nach einer Legende aus dem Amazonasgebiet steigt in den Vollmondnächten ein Delphin aus dem Fluss und verwandelt sich in einen attraktiven Mann, bekleidet mit weißem Anzug und Hut. Er ist bei den Dorffesten anzutreffen und verführt junge Mädchen. Er kehrt zurück auf den Grund des Flusses, während die verzauberten Mädchen mit den Tränen ihren Bauchnabel füllen, unter dem ein neues Leben heranwächst."[28]

Dies ist die Sprache der Lebenswelt im Amazonasgebiet. Über Legenden eröffneten sich die Mädchen ihren „sozial akzeptierten" Freiraum außerhalb der

---

[27] Freire, Paulo: Pädagogik der Autonomie. Münster 2008, S. 25.

[28] Nach Damasceno, Alberto (o. J.): Paulo Freire, a Amazônia e o Boto, Textos sobre a vida de Paulo Freire, siehe: http://www.paulofreire.org/Paulo_Freire/Vida_e_Obra/vida_pf-htm, S. 35-36 (Zugriff: Mai 2008).

einengenden männlichen Kontrolle. Solche „Auslegung" von Wirklichkeit zu verstehen, solche „Ausdrücke" von Befindlichkeiten und Beziehungen lesen zu lernen, das ist der Ausgangspunkt von Bildung, in dem Lernende – so Paulo Freire – aus unterschiedlichen Perspektiven in einen Dialog treten.

Grundlegend für einen solchen Ansatz von Bildung ist das Selbstverständnis der Lehrenden, mit dem sie in die Wirklichkeit der Lernenden eintauchen. Eine „unverzichtbare Fähigkeit" ist dabei – nach Freire – die Bescheidenheit, die auf der einen Seite ein Sich-Einlassen auf die Sprache und Wirklichkeit des Anderen erlaubt, auf der anderen Seite das eigene Vorwissen zurückstellt, um Erkenntnisse im Prozess mit den anderen Beteiligten gemeinsam entwickeln zu können.

> „Faktisch kann ich die Zuwendung zum demokratischen Traum und die Überwindung von Vorurteilen nicht mit einer unbescheidenen, arroganten Haltung zusammen bringen, in der wir uns von uns selbst überzeugt fühlen. Wie kann ich dem anderen zuhören, wie in einen Dialog mit ihm treten, wenn ich nur mich selbst höre, wenn ich nur mich selbst sehe, wenn niemand mich bewegt außer mir selber? Bescheiden zu sein heißt nicht, seinen eigenen Wert zu mindern oder Erniedrigung zu akzeptieren, sondern immer offen zu sein, zu lernen und zu lehren. Die Bescheidenheit hilft mir, mich niemals im Kreislauf meiner Wahrheit einschließen zu lassen."[29]

Das alles sind nicht neue Einsichten. Sie finden sich in vielen Ansätzen wieder – es ist nicht die Einzigartigkeit, sondern das Zusammenspiel verschiedener Dimensionen, die aus meiner Sicht einen wichtigen Beitrag zur aktuellen Debatte für eine Pädagogik im Zeichen globalpolitischer Transformationen leisten können:

- die politisch-systemische Dimension von Bildung,
- die visionäre Dimension,
- die transformativ-handlungsorientierte Dimension,
- die emotional-spirituelle Dimension und schließlich
- die kommunikativ-partizipative Dimension von Bildung.

Dieser Ansatz von Bildung ist subjektorientiert und politisch-systemisch reflektiert. Er hat die Menschen im Blick – allerdings nicht als unabhängige Wesen, sondern als Teil eines größeren ökologischen Zusammenhangs. Er ist dabei handlungs- und kontextorientiert, ohne universalistische Visionen außer Acht zu lassen. Die Grundgedanken und vor allem die dahinter stehenden Erfahrungen von gesellschaftlicher Bewegung sind zweifellos vielfältig anschlussfähig an aktuelle Bildungsdiskussionen. Drei dieser Diskussionsstränge sollen im Folgenden kurz benannt werden:

a) Holistic und Global Education
b) Bildung für Nachhaltige Entwicklung
c) Bildung für die Zukunft

---

[29] Freire, Paulo: Vierter Brief. Über die unverzichtbaren Qualitäten von progressiven Lehrerinnen und Lehrern. In: Freire, Paulo: Unterdrückung, Befreiung und Hoffnung. Münster 2007, S. 129 ff.

Die aktuelle Diskussion um die grundlegende Orientierung von Bildung

a) Ganzheitliche Bildungsansätze haben vielfältige Ursprünge, z. B. im antiken Griechenland in der kosmologischen Philosophie oder bei Comenius, wenn er sagt: Die Aufgabe der Bildung ist, allen Menschen alle Dinge der Welt in grundlegender Weise beizubringen.

In den letzten Jahrzehnten kam dieser ganzheitliche Grundsatz vor allem in Ansätzen zu Ökumenischem und Globalem Lernen zum Tragen. Es geht hier nicht nur um den Anspruch umfassenden Wissens, sondern um den daraus abgeleiteten Verantwortungshorizont, der sich auf das gesamte Lebenssystem beziehen muss. Bildung kann nicht von Partikularitäten handeln, aufgeteilt in Spezialwissen, sondern die zusammenhängende Bedingtheit allen Lebens ist Maßstab und Ziel: "Holism asserts that every-thing exists in relationship, in a connection and meaning."[30] Ganzheitliche Visionen stehen fragmentarischen Visionen und Zielsetzungen (Karriere, Wachstum, Profit) gegenüber, die einen Teil aus dem Gesamtgefüge herausnehmen und es als absolut und grundlegend festschreiben.

„Ganzheitliche Bildung" weist darauf hin, dass Wirklichkeit nicht nur auf *einer* der eben benannten Ebenen verhandelt werden kann. Leben kann nur als zusammenhängendes Gefüge erfasst werden. Eng verbunden mit einem ganzheitlichen Verständnis ist der verantwortliche Umgang damit: Nur wenn ich die zusammenhängende Vielfalt von Leben als konstitutive Grundlage erkenne und verstehe, werde ich diese auch respektieren. „Education has often functioned as if it were only the mind which needed to be engaged, and then only one part of it. […] We need forms of education that will help individuals and communities to broaden their vision and learn to relate to difference in positive ways."[31] Kritik und Abgrenzung gegenüber fragmentarischen Ansätzen sind vor allem ethisch begründet: Bildung muss der Verantwortung für das alles umfassende Lebenssystem Rechenschaft ablegen.

Diese ganzheitlichen Ansätze prägen vor allem die Auseinandersetzung mit religiöser und kultureller Vielfalt im Horizont einer gemeinsamen Lebensgrundlage. Die Pädagogik der Befreiung hat darauf hingewiesen, dass die persönlich-emotionale Dimension im Bildungsgeschehen – eben das Befreiungsgeschehen – grundlegend ist. Dazu benötigt es eine intensive Aufmerksamkeit auf die Bildungssubjekte, und das nicht nur aus einer kompetenzorientierten Perspektive. Das Schulsystem kann dieses allerdings nur ansatzweise aufnehmen – durch Vertrauenslehrer bzw. Schulseelsorger – so dass es komplementäre Bildungsorte braucht.

---

[30] Miller, Ron: Caring for New Life. New Essays on Holistic Education. Brandon 2000, S. 21.
[31] Schreiner, Peter/Banev, Esther/Oxley, Simon (Hg.): Holistic Education Resource Book. Learning and Teaching in an Ecumenical Context. Münster/New York/München/Berlin 2005, S. 16-17.

b) Bildung für Nachhaltige Entwicklung

Eng damit verbunden ist die Bildung zur Nachhaltigen Entwicklung (BNE), die in diesem Jahrzehnt (2005-2014), das als Dekade zur BNE von der UNESCO ausgerufen wurde, die Funktion eines inhaltlichen und didaktischen Leitbildes übernommen hat. In der Empfehlung der Ständigen Konferenz der Kultusminister der Länder in der Bundesrepublik Deutschland (KMK) und der Deutschen UNESCO-Kommission (DUK) zur „Bildung für Nachhaltige Entwicklung in der Schule", ebenfalls aus dem Jahr 2007, heißt es: BNE „hat zum Ziel, Schülerinnen und Schüler zur aktiven Gestaltung einer ökologisch verträglichen, wirtschaftlich leistungsfähigen und sozial gerechten Umwelt unter Berücksichtigung globaler Aspekte, demokratischer Grundprinzipien und kultureller Vielfalt zu befähigen."[32]

Auf dieser Grundlage fokussiert die Bildung für Nachhaltige Entwicklung die politisch-ethische Herausforderung, dass „die Bedürfnisse der Gegenwart befriedigt (werden), ohne zu riskieren, dass künftige Generationen ihre eigenen Bedürfnisse nicht befriedigen können"[33]. Die Einsicht in ein notwendig zusammenhängendes Lebenssystem der ganzheitlichen Bildung wird also verbunden auf der weltgesellschaftlichen Ebene mit dem Imperativ der Bedürfnisbefriedigung aller Menschen sowie auf der Zeitebene mit der der zukünftigen Generationen.

Aus dem Imperativ verantwortlichen Gestaltens der Weltgesellschaft ergibt sich ein Bildungsansatz mit stark politischer Prägung, der allerdings sehr unterschiedlich aufgenommen wird. Während er bei manchen eindeutig systemkritisch ist, geht es bei anderen eher um systemimmanente Anpassungen. Bedeutsam ist dabei, dass beide Tendenzen sich ideologisch nicht gegenseitig ausschließen, sondern dass sie unterschiedliche Ebenen im Umgang mit den Herausforderungen aufnehmen:

Während bei systemimmanenten Fokussierungen eher die Machbarkeit im Mittelpunkt steht und damit Aspekte wie Produkt- und Konsumqualität, beispielsweise die technologische Effizienz, angesprochen werden, gehen andere Visionen in die Tiefe erfüllten Lebens (z. B. „Soviel Du brauchst" – Hamburger Kirchentag) bzw. in die Breite eines weltgesellschaftlichen Gesellschaftsvertrags (z. B. „die große Transformation" – Wissenschaftlicher Beirat der Bundesregierung Globale Umweltveränderungen[34]). Für mich ist der zentral bedeutsame Aspekt, dass sich solche vielfältigen Herangehensweisen miteinander verbinden lassen und nicht gleich ideologische Polaritäten entstehen. Es geht zwar immer wieder um die Frage der Konsequenzen solcher Überlegungen für politische Veränderungen, und dennoch ist den meisten deutlich, dass es dazu Schritte bedarf, die sowohl auf der pragmatisch-technologischen als auch auf der übergreifenden Ebene gegangen werden müssen.

---

[32] KMK/DUK: Bildung für Nachhaltige Entwicklung in der Schule, 2007, siehe: http://www.kmk.org/fileadmin/pdf/PresseUndAktuelles/2007/KMK-DUK-Empfehlung.pdf, S. 2 (Zugriff am: 12.09.2013)

[33] Brundtland-Bericht (Weltkommission für Umwelt und Entwicklung) 1987, in: Lexikon der Nachhaltigkeit, siehe: http://www.nachhaltigkeit.info/artikel/brundt_and_report_563.htm

[34] WBGU: Welt im Wandel. Gesellschaftsvertrag für eine Große Transformation. Berlin 2011.

Die Grundsteine der Pädagogik der Befreiung fokussieren diese politische Dimension sehr bewusst: Sie ist Gegenstand der Reflexion sowie Zielperspektive von Transformationshandeln. BNE ist demnach politisch-performatives Geschehen – auch da stehen wir noch am Anfang, wie solches in den Schulen eingelöst werden kann.

c) Bildung für die Zukunft

Mit Verstärkung der Globalisierungsdebatten in den 1990er Jahren reagierte auch die UNESCO, die durch Arbeitsgruppen und Kommissionen auf internationaler Ebene einen Konsens über Ziel und Form von „Bildung für die Zukunft" zu erreichen suchte. Dabei wird eine tiefgehende Kritik gegenüber dem dominanten Bildungshandeln laut, wie es Federico Mayor (UNESCO-Generaldirektor 1987-1999) deutlich macht:

> „Die Erziehung ist die ‚Kraft der Zukunft‘, weil sie eines der mächtigsten Instrumente ist, um die Veränderung zu verwirklichen. Wir müssen die Art und Weise überdenken, wie wir Wissen organisieren, wie wir das verbinden, was bisher getrennt gewesen ist. Dabei müssen wir unseren Kurs auf das Langfristige richten, auf die Welt der zukünftigen Generationen, denen gegenüber wir eine große Verantwortung haben."[35]

Edgar Morin[36] verfasste im Jahr 1999 für die UNESCO in diesem Rahmen eine grundlegende Reflexion. Er verweist darin auf sieben Fundamente, die sich vor allem auf erkenntnistheoretische und anthropologische Grundlagen beziehen, sozusagen die Selbsterkenntnis fördern wollen bzw. vorrangig das Erlernen des Mensch-Seins zum Ziel haben:

1. Blindheiten der Erkenntnis wie Irrtum und Illusion identifizieren:

> „Wenn es einen grundsätzlichen Fortschritt im 21. Jh. geben kann, dann nur, dass Männer und Frauen nicht mehr die unbewussten Spielzeuge weder ihrer Ideen noch eigener Selbstbelügungen wären."[37]

2. Prinzipien einer umfassenden Erkenntnis:

> „Es handelt sich darum, ein Denken, das trennt und reduziert, durch ein Denken, das unterscheidet und verbindet, zu umfassen."[38]

3. Grundbedingungen menschlichen Lebens berücksichtigen:

> „Die Erziehung der Zukunft wird eine primäre und universelle Bildung sein müssen, die sich auf die Grundbedingungen des Menschen erstreckt. […] Die Natur des Men-

---

[35] Vorwort zu Morin, Edgar: Die sieben Fundamente des Wissens für eine Erziehung der Zukunft. Hamburg 2001, S. 11.

[36] Direktor des Forschungszentrums Centre national de la recherche scientifique (CNRS).

[37] Morin 2001, S. 41.

[38] A. a. O., S. 56

schen zu erkennen, bedeutet zuerst, ihn in das Universum zu stellen, nicht, ihn davon abzuschneiden."[39]

„Sie sollte münden in das Erkennen, also das Bewusstwerden der gemeinsamen Bedingung aller Menschen und der sehr reichen und notwendigen Verschiedenheit der Individuen, der Völker, der Kulturen, in unserer Verwurzelung als Bürger der Erde."[40]

4. Die irdische Identität lehren:

„Das Bewusstsein unserer Menschlichkeit in diesem planetarischen Zeitalter müsste uns zu einer Solidarität und einem gegenseitigen Erbarmen führen, von jedem zu jedem, von allen zu allen."[41]

5. Sich den Ungewissheiten stellen
6. Verständnis lehren
7. Die Ethik der menschlichen Gattung: Finalitäten der Bildung:

„[…] die Fortsetzung der Menschwerdung in der Humanisierung – über den Aufstieg zum Erdenbürgertum."[42]

Bemerkenswert ist, wie diese Überlegungen erkenntnistheoretische Grundlagen aufnehmen, damit sich daraus eine Bildung für die Zukunft entwickeln kann. Die Gestaltung von Welt muss in der Zukunft aus einer Selbsteinsicht in die menschliche Bedingtheit entstehen, damit sich aus einer selbstreferentiellen eine universelle Weltsicht und damit so etwas wie eine „Erdenbürgerschaft" entwickelt.

Selbst wenn die Referenz auf die Erde – „Gaia" – erst in der Weiterführung der Pädagogik der Unterdrückten zum Ausdruck kommt – und damit auch das Abrücken von der Zentralität der gesellschaftlichen „Befreiung" des Menschen –, so geht es bei der oben angesprochenen emotional-spirituellen Dimension grundlegend um die Teilhabe und Verantwortung des Menschen in einem übergeordneten Lebenssystem. Insgesamt betrachtet, muss mit der Pädagogik der Befreiung die Frage gestellt werden: Wo ist die gesellschaftliche und ideologische Verortung von Bildung? Die hier vorgestellten Antworten einer Bildung für die Zukunft machen jedenfalls eine Veränderung der grundlegenden Zielperspektiven erforderlich.

Unabhängig von den Diskussionssträngen wird immer wieder die notwendige Orientierung in einer komplexen Welt mit vielfältigen Lebensentwürfen und kognitiv undurchdringbaren Phänomenen als zentrale Herausforderung zur Gestaltung der entstehenden Weltgesellschaft herausgestellt. Komplexität und Vielfalt, rasante Veränderungen in der Lebenswelt sowie begrenztes Verständnis von Zusammenhängen und Wirkungsweisen bedeuten eine faktische Überforderung für den einzelnen Menschen. Deshalb führen durchaus einleuchtend begründete Ansprüche, über die Bildung die Welt zu verstehen und verantwortungsvoll zu gestalten, leicht zu ihrem Gegenteil: zu Resignation, nichts ausrichten zu können, und zu Unsicherheit, wenn

---

[39] A. a. O., S. 59
[40] A. a. O., S. 76
[41] A. a. O., S. 88.
[42] A. a. O., S. 142-143.

irgendwelche Urteile gefällt werden müssen. Die Rettung sind dann oft kleine sichere und überschaubare Inseln, auf die sich die Einzelnen zurückziehen.

Menschliche Erkenntnis lebt immer nur von Fragmenten – kognitiv und emotional, kulturell und sozial. Die Einsicht darin verweist einerseits darauf, dass das Lernen – und damit auch die Weltgestaltung – ein offener und lebenslanger Prozess (und Versuch) sein muss, kann andererseits aber helfen, auf den notwendigen Anderen in dem Lernprozess zuzugehen, darin Bestätigung oder Veränderung zu erfahren. Das gelernte Wissen um spezifische Eigenheiten darf nicht das grundlegende (grundlegend spirituelle) Begreifen von Leben und seines Sinns verstellen. Hier sehe ich die Hauptaufgabe von Bildung.

3.2 „Räume schaffen"

Mit diesem eher banal klingenden Aufruf möchte ich meinen Beitrag beenden. Auf der einen Seite steht der Imperativ der Erhaltung der sozialen und ökologischen Lebenssysteme der aktuellen und zukünftigen Generationen, auf der anderen stehen die Herausforderungen einer Weltgestaltung in komplexen, pluralen und zudem sich rasant ändernden Kontexten. Es gibt kein eindeutiges Wissen, das in der Bildung zur Anwendung kommen kann, sondern nur fragmentarische Einsichten in die Zusammenhänge sowie Spuren und Versuche, die Welt von ihren Grundlagen her zu begreifen. Aus diesem Grund benötigen wir in der Bildungslandschaft offene und gleichzeitig inszenierte Räume, in denen wir über unsere Existenz innerhalb ihrer konkreten kontextuellen Rahmenbedingungen begegnend und dialogisch nachdenken, wo sich neue Gedanken und Initiativen entwickeln, wo wir auf den Grund von Leben stoßen, darauf bauen und hoffen können.

Wir benötigen diese Räume in formalen Bildungssystemen – dort, wo die Suche nach Grundwissen in vielfältiger Weise (Projekte, Lektüre, Austausch und Diskussion) ihren verbindlichen Ort erhält. Wir benötigen ebenso Räume in non-formalen Zusammenhängen wie Initiativgruppen und Begegnungen, feierlichen Momenten und meditativen Vertiefungen, in denen individuelle Orientierung wie auch kollektive Annäherungen im Ringen um adäquate Lebensentwürfe zum Thema werden.

Und wir brauchen Räume zur Vernetzung der unterschiedlichen Bildungsakteure, die sogenannte Bildungslandschaften entstehen lassen. Bildung kann nicht eindimensional auf Wissen und Kompetenzen reduziert werden, sondern ist ein vielfältiges Geschehen, das auf komplexe Herausforderungen Antworten finden muss.

Entscheidend ist auch die Qualität der Räume, die vor allem von der in ihnen angelegten Kommunikation abhängig ist. Maßstab für die Qualität ist die Ermöglichung von Teilhabe im Horizont von verantwortlichem Umgang mit Leben. Unterschiede in den Lebensentwürfen, Rollenzuschreibungen sowie Machtverhältnisse müssen bewusst und kritisch bedacht werden.

Bildung ist meiner Ansicht nach nicht – wie so oft beschworen – das Allheilmittel für die aktuellen und zukünftigen Herausforderungen der Welt. Aber in ihr kann gelingendes Leben nicht nur Thema, sondern auch beginnende und einnehmende

Wirklichkeit werden. Bildung ist ein Schatz der Menschheit auf der Suche nach Antworten in der Gegenwart und ein Setzen auf eine gelingende Zukunft.

In diesem Sinne schließe ich mit dem Zitat von Ulrich Becker, der im ÖRK eine Zeit lang mit Paulo Freire zusammenarbeitete:

> „Pädagogik hält angesichts der Erfahrung des Chaos an der Phantasie des großen Zusammenhangs fest. Sie sieht in aller Gebrochenheit menschlicher Existenz und über sie hinaus eine Integrität von Leben. [...] Wenn das gilt, dann kann Pädagogik nur Pädagogik sein, wenn sie über transzendierende Anteile verfügt. Anteile, die immer mehr meinen, als wir gerade sehen, eben eine Hoffnungsdimension."[43]

---

[43] Becker, Ulrich: Ökumenisches Lernen und eine Pädagogik der Hoffnung. In: Goßmann, Klaus/Pithan, Annebelle/Schreiner, Peter (Hg.): Zukunftsfähiges Lernen? Herausforderungen für Ökumenisches Lernen in Schule und Unterricht. Münster 1995, S. 114.

ALFRED SCHÄFER

Universalisierte Schule und traditionelles Selbst.
Beobachtungen zur Grundschulreform in Mali

1.

Es spricht viel dafür, dass die im Westen entwickelte Schule eine Form darstellt, die sich als solche universell durchsetzt.[1] Das scheint auch dort zu gelten, wo wichtige Voraussetzungen für die Durchsetzung des Schulsystems – wie etwa eine funktionierende politisch-administrative Struktur oder eine Ökonomie mit einem halbwegs kalkulierbaren Beschäftigungssystem – fehlen: In solchen Fällen hat man lange darauf gesetzt, dass es die Durchsetzung der Schule sein könnte, von der her solche Strukturentwicklungen wie der Aufbau einer nationalen Identität oder eine Stärkung der Ökonomie ihren Ausgang nehmen könnten. Solche Hoffnungen, die gerade für Entwicklungsperspektiven afrikanischer Länder häufig betont und zur Grundlage der Finanzierung entsprechender Programme zur Durchsetzung der Schulpflicht wurden, setzen auf die Vermittlung des Wissens ebenso wie auf die Formung von Haltungen. Dass solche Haltungen erforderlich sind, ist von der Sozialisationsforschung schon strukturfunktionalistischer Provinienz betont worden. Man wies dort auf einen weiteren ‚universalistischen' Aspekt hin, der die für die Schule vorausgesetzten Sozialbeziehungen betrifft: Gegenüber den affektiv-diffusen Sozialbeziehungen der Familie müssen die Kinder im schulischen Kontext mit einer affektivneutralen, sach- und leistungsorientierten Umwelt zurecht kommen. Sie müssen lernen, sich selbst unter universellen Gesichtspunkten zu betrachten und miteinander zu vergleichen.[2] Sie müssen lernen, sich selbst die Verantwortung für ihren Erfolg oder Misserfolg zuzurechnen und sie müssen damit zugleich eine Perspektive einnehmen, in der größere Anstrengungen größere Möglichkeiten eröffnen.

Man hat in diesem Zusammenhang im Anschluss an Max Webers These über die Entstehung des kapitalistischen Geistes[3] häufig darauf verwiesen, dass die Dynamik einer Bewährung des Selbst in sozialen und kompetetiven Kontexten zu einer Erfolgsorientierung führe, deren Resultate niemals verlässlich sind. Die Figur einer innerweltlichen Askese, einer selbstdisziplinierten Anstrengung als legitimatorische Grundlage der eigenen Stellung in der Welt, eine ‚calvinistische Leistungsorientierung', scheint sich auch in der Schule eine Wirklichkeit geschaffen zu haben.[4] Doch ebenso könnte man auf die Bedeutsamkeit einer (materialistischen) Anthropologie

---

[1] Vgl. Adick, Christel: Die Universalisierung der modernen Schule. Paderborn 1992.

[2] Vgl. Dreeben, Robert: Was wir in der Schule lernen. Frankfurt/M. 1982.

[3] Vgl. Weber, Max: Die protestantische Ethik und der Geist des Kapitalismus. In: Ders.: Gesammelte Aufsätze zur Religionssoziologie I. Tübingen 1988, S. 17-206.

[4] Vgl. Helsper, Werner/Böhme, Jeanette/Kramer, Ralf-Torsten/Lingkost, Angelika: Schulmythos und Schulkultur. Rekonstruktionen zur Schulkultur I. Opladen 2001, S. 82.

hinweisen, die mit Hobbes das Problem einer Selbsterhaltung unter Bedingungen in den Vordergrund rückt, die man als Verlust einer gesellschaftlichen Einheit betrachten könnte.[5] Auf einer ähnlichen Linie finden sich die proto-liberalen Forderungen John Lockes nach einem Verfügungsrecht der Person über sich selbst, über ihre Freiheit und ihre Güter.[6] Das Verhältnis des Menschen zu sich selbst wird zum Ausgangspunkt der liberalen Postulate einer negativen Freiheit, des Anspruchs auf Selbstbestimmung und – mit der Romantik – auf Selbstverwirklichung.

Diese Figur eines über sich verfügenden, sich bestimmenden, sich verwirklichenden und für sich verantwortlichen Selbst, die sich für eine Rhetorik der Befreiung ebenso zu eignen scheint wie für die Schuldzuweisung an die Verlierer im Konkurrenzkampf, ist nun durch eine komplexe Konstellation gekennzeichnet. Auf den ersten Blick könnte man sagen, dass damit eine Subjektfigur postuliert wird, die nicht durch soziale oder religiöse Vorgaben bestimmt werden kann. Eine vorgegebene und unabweisbare Ordnung der Welt oder der Gesellschaft wird mit dem Verweis auf ein solches Selbst nicht mehr angenommen. Es ist dieses Selbst, das zur Grundlage seines eigenen Selbst- und Weltverhältnisses wird. Dies scheint die gleichsam selbstverständliche moderne Aufklärungsfigur zu sein. Und doch ergeben sich auf den zweiten Blick Probleme, die schon den Deutschen Idealismus umgetrieben haben. Man könnte diese Probleme auf die Frage zuspitzen, welches das Selbst ist, das sich bestimmt: Ist dieses Selbst als Voraussetzung seiner Bestimmung mit dieser seiner Bestimmung identisch, ist es also ein immer schon gegebenes, sich entfaltendes Programm? Oder ist es als Grundlage seiner Selbstbestimmung von dieser unterschieden? Was wäre dann dieses Selbst? Theoretiker des 18. Jahrhunderts haben an dieser Stelle häufig mit Formeln wie dem 'Interesse' operiert, um auf die Grundlosigkeit der Selbstbestimmung zu verweisen. Noch bei Kant ist das intelligible, das transzendentale Ich ein ‚X‘, ein selbst nicht Greifbares.[7] Mit Foucault könnte man davon sprechen, dass diese Figur eines sich bestimmenden oder sich verwirklichenden Selbst eine empirisch-transzendentale Dublette darstellt.[8] Als sich selbst uneinholbar vorausgesetzt, bildet dieses Selbst einen transzendentalen Grund seiner Selbstbestimmung, seiner bestimmten Wirklichkeit. Zugleich aber gilt dieses vorausgesetzte Selbst auch als empirische Größe, als das, was den Prozess der Selbstbestimmung in Gang setzt und aufrechterhält. Das Selbst als empirisch-transzendentale Dublette ist sich immer schon voraus und kann doch seiner selbst erst nachträglich (in seinen jeweiligen Bestimmungen) ansichtig werden. Es hat sich – wie man unter Verweis auf Helmuth Plessner sagen könnte – also nie bzw. nur in

---

5   Vgl. Hobbes, Thomas: Leviathan oder Stoff, Form und Gewalt eines kirchlichen und bürgerlichen Staates. Frankfurt a. M. 1966.

6   Vgl. Locke, John: Zweite Abhandlung über die Regierung. Mit einem Kommentar von Ludwig Siep. Frankfurt a. M. 2007.

7   Vgl. Kant, Immanuel: Kritik der reinen Vernunft. Frankfurt a. M. 1974, B 404/A 346.

8   Vgl. Foucault, Michel: Die Ordnung der Dinge. Eine Archäologie der Humanwissenschaften. Frankfurt a. M. 1974, S. 384 ff.

dem, in dem es sich nicht hat.[9] Dieses Selbst ist immer in Bewegung, auf dem Weg zu sich, und es gibt kaum die Möglichkeit, dass es ankommen könnte. Es wäre möglich, auch noch Figuren wie jene einer säkularisierten innerweltlichen Askese oder die Rastlosigkeit eines sich an der Unverfügbarkeit des Marktes realisierenden Leistungsprinzips hier einzuschreiben.

Dieses moderne Selbst bringt einen Riss in die soziale Welt hinein, die *seine* werden muss, um von ihm akzeptiert zu werden; es muss sie zum Ausdruck seines Selbstverhältnisses machen, was niemals vollständig möglich ist. Dieses Selbst steht für einen aus sich heraus nicht begründbaren und gerade deshalb starken Anspruch an die Welt. Und es ist nicht zuletzt dieser Anspruch, der am Ausgangspunkt modernen Nachdenkens über Erziehung stand. Rousseau hat zwar das unbekannte Kind und seinen natürlichen Anspruch ‚entdeckt', aber er hat doch Vorkehrungen getroffen, dass seine Erziehungsphantasie gerade nicht die Sprengkraft dieses Selbst entfaltete: Die natürliche Erziehung sollte gerade dies verhindern.[10] Die Romantiker, für die das unergründliche Selbst des Kindes zur programmatischen Verheißung einer nicht nur individuellen, sondern auch gesellschaftlichen Erlösung wurde, haben die Verwirklichung des schöpferischen Selbst als unhintergehbaren Anspruch postuliert. Auf welch verschlungenen Wegen auch immer ist dieser Anspruch dann in die reformpädagogischen Postulate einer Pädagogik vom Kinde aus eingewandert. Eine solche Pädagogik buchstabiert die empirisch-transzendentale Dublette im Hinblick auf das individuelle Kind als unhintergehbaren Anspruch aus und arbeitet sich an der Unvertretbarkeit der eigenen pädagogischen Ambition ab.

Diese Thesen mögen genügen, um auf die Komplexität der scheinbar selbstverständlichen Voraussetzungen des modernen Selbstverständnisses zu verweisen, das auch schulischen Sozialisationsprozessen inhärent zu sein scheint. Deutlich werden sollte aber auch die Möglichkeit, dass solche Voraussetzungen, ein solches Verständnis des Selbst an anderen Orten und unter anderen kulturellen Vorzeichen nicht einfach vorausgesetzt werden kann. Dies möchte ich an einer kleinen Unterrichtsbeobachtung zeigen, die ich im Jahr 2000 an einer Grundschule in Mali, genauer in einem Dorf der Dogon machte. Neben dem klassischen Frontalunterricht wird an ausgewählten und mit Entwicklungshilfe unterstützten Grundschulen Malis seit 1984 ein von dem Belgier Michel Wambach vor Ort entwickeltes reformpädagogisches Modell erprobt: die ‚pédagogie convergante'.[11] Dieses Modell hat seinen Einsatzpunkt in der Förderung eines muttersprachlichen Unterrichts in den ersten Klassen: Dies bedeutet im vorliegenden Fall, dass die Kinder nicht von Anfang an in der Amtssprache Französisch, sondern in der Lokalsprache der Dogon unterrichtet werden. Ab der dritten Klasse findet dann ein Übergang zum Französischen als Unterrichtssprache statt. Gefordert wird zugleich eine ganzheitliche Förderung der Kinder, die ihren eigenen Lernweg strukturieren sollen, eine Pädagogik, die Projektarbeit

---

[9]   Vgl. Plessner, Helmuth: Soziale Rolle und menschliche Natur (1960). In: Ders.: Gesammelte Schriften X. Frankfurt a. M. 1985, S. 227-240.

[10]   Vgl. Rousseau, Jean-Jacques: Emile oder über die Erziehung. Stuttgart 1963.

[11]   Vgl. Wambach, Michel: Méthodologie des langues en milieu multilingue. La pedagogie convergante à l'école fondamentale. Ciaver 2001.

und die Eigenbeteiligung der Schüler fördert. Diese Pädagogik soll auf den Schüler ausgerichtet sein, sein Erleben und seine lebensweltliche Umgebung in den Mittelpunkt stellen.

Das Beispiel eines Unterrichtsbesuchs, auf das ich mich nun beziehe, ist selektiv: Andere wären möglich[12], aber das vorliegende Beispiel erscheint mir im Hinblick auf das hier verhandelte Problem des Selbst besonders aussagekräftig. In einer vierten Klasse erzählt der Lehrer auf Dogon eine Geschichte: In ihr geht es um einen Mann, der zwei Frauen und von jeder ein Kind hat. Solange beide Frauen lebten, gab es keine Probleme auf dem Gehöft. Als jedoch die zweite Frau starb, wurde deren Kind von der ersten Frau vernachlässigt. Das Kind verhält sich dennoch respektvoll und tut, was man ihm sagt. Dafür wird es von einem Geist beschenkt, während das Kind der ersten Frau, das ihm nacheifert, um auch Geschenke zu erhalten, scheitert. Der Lehrer teilt nun die Klasse in vier Gruppen auf. Die Gruppen verlassen den Klassenraum und bereiten auf dem Gelände vier unterschiedliche, ihnen aufgegebene Repräsentationsformen der Geschichte vor: eine Pantomime, ein Rollenspiel, eine mündliche und eine schriftliche Wiedergabe. Bei der Vorbereitung in den Gruppen gibt es Rangeleien und die Mädchen scheinen von den Jungen an den Rand gedrängt zu werden. So wird die Pantomime auch nur von den Jungen der Gruppe aufgeführt. Der Rest der Klasse spendet Beifall, dann erfolgt die Darstellung der Geschichte als Rollenspiel, wobei die Mädchen Rollen als Statisten wahrnehmen. Ein Junge erzählt dann die Geschichte an den Lehrer und nicht an die Klasse gewandt. Dann liest ein weiterer Junge die von seiner Gruppe verfasste Nacherzählung vor. Der Lehrer fordert dann die Klasse auf, die beste Form der Repräsentation zu wählen. Schließlich gibt er kritische Tipps zum Ablauf der Präsentationen: So sollten die Pantomimen stärker gestikulieren. Was nicht zum Gegenstand des Unterrichts wird, das ist das Verhältnis der Kinder zum Inhalt der Geschichte: Es wird etwa nicht gefragt, ob sie so etwas kennen, was sie am Verhalten der Figuren gut oder schlecht finden, wie man die Situation in der geschilderten Familie einschätzt, ob es andere Lösungsmöglichkeiten gibt, ob Geister Belohnungen verteilen. Ebenso werden die Situation in den Gruppen, die Konflikte und das Verhältnis von Jungen und Mädchen nicht zum Gegenstand gemacht. Von der reformpädagogischen Programmatik scheint hier vor allem die didaktische Form übernommen worden zu sein: Auch wenn der Beteiligung der Kinder Raum gegeben wird und auch wenn das Engagement, dem Unterricht zu folgen, groß ist, so scheint doch das eigene Erleben, die subjektive Perspektive der Kinder auf die sie umgebende Lebenswelt ausgeblendet zu werden.

Ich werde nun im Folgenden plausibel zu machen versuchen, dass ein solcher Umgang mit reformpädagogischen Importen und der in ihnen mitgeführten Selbstfigur sich durchaus nachvollziehen lässt, wenn man die Verhältnisse der Dogon un-

---

[12] Vgl. weitere Beispiele bei: Krämer, Aline: Une école pour la joie d'apprendre. La Pédagogie Convergante: Umsetzung eines pädagogischen Konzepts in der Grundbildung Malis. Masterarbeit an der Johann-Wolfgang-Goethe-Universität Frankfurt 2006.

tereinander und die Stellung von Kindern in dieser Konstellation berücksichtigt.[13] In einem ersten Schritt werde ich versuchen, in einer funktionalen Annäherung verständlich zu machen, dass die moderne Figur des Selbst mit ihrer Logik der Selbstbestimmung, Selbstverwirklichung und Selbststeigerung bei den Dogon keinen Ort findet. In einem zweiten Schritt versuche ich dann zu zeigen, dass dies nicht bedeutet, dass das Selbst der Dogon nur sozial zentriert wäre, sich nur von seinem sozialen Ort her verstehen würde, sondern dass es durchaus einen Respekt vor dem – wie wir sagen würden – Inneren der Person gibt. Dieser besteht aber darin, dass dieses Innere – also eine mögliche emphatische Form des Selbst – sozial keine bedeutsame Rolle spielt, dass sich also von ihm her und auf es bezogen keine sozial akzeptablen Ansprüche formulieren lassen. In einem dritten Schritt möchte ich nur andeuten, dass sich aus dieser Konstellation ein öffentlicher Raum entwickelt, der strategisch ist, weil mit der Intransparenz des anderen zu rechnen ist. Mit diesen Analyse-Einsätzen wird wohl verständlich, warum es reformpädagogische Ansätze, die eben gerade nicht nur auf die Vermittlung von Wissen, sondern auf das Verhältnis des Kindes zu einem Wissen zielen, über das sich die Welt als seine erschließen soll, bei den Dogon schwer haben dürften.

2.

Dogon-Mütter haben ihre Säuglinge bei den unterschiedlichsten Tätigkeiten auf dem Rücken; sie schlafen neben ihnen. Wenn sie schreien, bekommen sie die Brust, während die Mutter etwa sitzend weiterarbeitet oder sich unterhält – ohne das Kind anzusprechen. Kleine Kinder verstehen noch nicht das Geflecht sozialer Beziehungen – und damit letztlich nicht die Mutter-Kind-Beziehung. Eine Übersetzerin verlässt ihre 2- und 4-jährigen Kinder für mehrere Wochen und sagt, dass sich jemand anderer um sie kümmern werde: Sie würden sie nicht vermissen, da sie noch keinen sozialen Sinn hätten. Kleine Kinder befinden sich gleichsam ‚vor‘ dem Sozialen. Sie haben selbst noch keinen für sie einsehbaren sozialen Ort. Sie wissen noch nicht, zu wem sie in welchem Verhältnis stehen. Sie wissen nichts über das Verwandtschafts-, Sippen- und Nachbarschaftsgefüge im Ort, nichts über das Senioritäts- und Geschlechterprinzip, die jede konkrete soziale Beziehung hierarchisch strukturieren. Auf welcher Basis sollte man sie ansprechen? Sprechen lernen sie nach dem Abstillen vorwiegend in einer Kindergruppe, in der vor allem das Recht des Stärkeren herrscht. Doch auch, wenn sie zu sprechen gelernt haben, heißt dies zunächst noch nicht, dass sie den Sinn dessen verstehen, was sie sagen. Und wenn sie dann diesen Sinn verstehen, wird man davon ausgehen müssen, dass sie eben noch nicht über die soziale Pragmatik des Redens verfügen: Sie wissen also

---

[13] Die folgende Darstellung geht auf Erhebungen zurück, die im Zeitraum zwischen 1998 und 2004 im Dorf Soninghé erfolgten. Dabei handelt es sich um ein Dorf, das – auf dem felsigen Plateau von Bandiagara gelegen – von touristischen Besuchern, die als Individualtouristen das Dogon-Gebiet erkunden, kaum besucht wird.

noch nicht, was man wann wem sagen darf und was nicht. Die Erwachsenen tun also gut daran, in Anwesenheit der Kinder im Alter von 5 oder 6 Jahren nicht über Dinge zu sprechen, von denen andere nichts erfahren sollen.

Da die Kinder bis zum Alter von 6 bis 7 Jahren noch nicht über einen sozialen Sinn verfügen, kann man ihnen allenfalls kleine Aufgaben geben, wird aber darauf achten, sie nicht zu überfordern. Die Berücksichtigung der Entwicklungstatsache im Umgang mit Kindern scheint aber nicht mit einer Förderungsperspektive einherzugehen. Kinder zu etwas bewegen zu wollen, das sie noch nicht können, gilt als nicht sinnvoll. Bezugspunkt ist also weniger die Entwicklung des Kindes als der von ihm erreichte Status eines sozialen Sinns. Es ist dieser Status, der die möglichen Adressierungen und Ansprachen durch die Erwachsenen steuert. Je weniger dieser soziale Sinn vorhanden ist, desto weniger ergibt es auch Sinn, dem Kind etwas erklären oder es nach seiner Wahrnehmung fragen zu wollen.

Sozialer Sinn meint ein Umgehenkönnen mit dem Gefüge der durch Seniorität und Geschlecht gekennzeichneten sozialen Beziehungen. Allgemein lassen sich diese Beziehungen angeben als ein immer hierarchisches Gefüge von Rechten und Pflichten, das zwei Individuen verbindet. Die Wechselseitigkeit dieser Beziehung soll einerseits die willkürliche Dominanz des Älteren über den Jüngeren, des Mannes über die Frau verhindern; andererseits aber sollen die Pflichten auch gegenüber den Höherstehenden erfüllt werden. Ein Effekt, aber eben auch eine Voraussetzung solcher individualisierten und zugleich hierarchischen Beziehungen entlang der Dimensionen von Alter und Geschlecht ist die Distanz: ein Respekt, den man dem anderen schuldet und der nicht in einer harmonischen Gemeinschaftsbeziehung aufgelöst werden kann. Man kann vom anderen nicht mehr erwarten, als er dem Betreffenden aufgrund der klar definierten Beziehung an Rechten oder Pflichten schuldet: Wieweit und in welcher Form er diesen Regelungen nachkommt, wird von der konkreten Situation abhängen. Was man aber nicht erwarten kann, das ist eine ‚persönliche‘ Verpflichtung – also eine durch die ‚persönliche Beziehung‘ garantierte und motivierte Weise, seinen definierten Pflichten und Ansprüchen nachzukommen. Man kann an sie appellieren, sie aber nicht durch Verweis etwa auf die Enge des Verhältnisses einfordern.

Ein Beispiel: Ein alter, über 80-jähriger Mann aus der Nachbarschaft, der als Soldat für die Franzosen im Zweiten Weltkrieg rekrutiert wurde und daher ‚L'Ancien‘ genannt wird, ist erblindet und kann seine Felder nicht mehr bestellen. Nun hat die französische Regierung in den letzten Jahren auch für die Soldaten, die – wie er – keinen Fronteinsatz hatten, eine kleine Rente eingesetzt, auf die er nun wirklich angewiesen wäre. Er kann aber aufgrund seiner Blindheit nicht in die nächste Verwaltungsstadt gehen und bittet den Dorfchef, denjenigen, ‚an den man sich wendet‘ und der Ansprechpartner der Verwaltung wie auch ein von den Stammhäusern der Familien des Dorfes bestellter Vertreter ist, dies für ihn bei seinem nächsten Besuch in der Stadt zu erledigen. Der Dorfchef, auf dessen Gehöft wir leben, ist zugleich sein Nachbar. Der Alte kommt jeden Morgen und jeden Abend, um ihn und seine Frau zu grüßen. Der Alte erzählt mir schließlich, dass der Dorfchef nun zweimal in der Stadt gewesen sei und beide Male auf seine Rückfrage geantwortet habe, dass er nicht dazu gekommen sei, für ihn vorzusprechen. Der Alte ist verzweifelt, weil er ihn nun nicht ein drittes Mal fragen kann: Er würde ihm dann zu sehr zusetzen und gar als gierig erscheinen. Sich auf eine ‚gute Beziehung‘ zu berufen, würde den Druck auf den Dorfchef nur zusätzlich auf eine unzulässige Weise erhöhen.

Respektvolle Sozialbeziehungen setzen demnach auch dann, wenn dies – wie im Falle des ‚L'Ancien‘ – einen hohen Preis hat, voraus, den anderen nicht mit sich, mit seiner Situation zu belasten. Ein zweites Beispiel: Ein etwa 3- bis 4-jähriger Sohn einer Familie, die einen Teil ‚unseres‘ Gehöftes bewohnt und der nun mit der Kindergruppe umherzieht, hat, da er dort einer der Jüngsten ist, kein leichtes Leben. Er kommt laut weinend ins Gehöft und öffnet das Tor zu dem Hof, auf dem seine Mutter gerade Hirse stampft. Er bleibt weiterhin laut weinend am Tor, etwa fünf Meter von seiner Mutter entfernt stehen. Sie reagiert nicht und lässt ihn weiterweinen. Schließlich – nach einigen Minuten des lauten Weinens und Wehklagens – hört er auf und verlässt das Gehöft.

Die Berücksichtigung beider Beispiele vor dem Hintergrund des vorher Gesagten legt eine *funktionale* Perspektive nahe. In dieser ließen sich die fehlende Adressierung der Kinder, die fehlende Förderung ihrer Lern- und Entwicklungsprozesse, die emotionale Distanz ihnen gegenüber, die nur durch die Scherzbeziehung zu den Großeltern durchbrochen wird, in ein Verhältnis setzen zu den später geforderten sozialen Umgangsformen. In diesem Verständnis wäre das von den Dogon betonte Fehlen des sozialen Sinns bei den kleinen Kindern nicht nur eines, das sich auf die individualisierten Positionierungen der Menschen im Dorf untereinander, deren wechselseitige Rechte und Pflichten bezieht. Es wäre zugleich ein Fehlen der Pragmatik eines solchen Sinns, das eben eine Qualität der Distanzierung enthält: Diese Qualität besteht nicht zuletzt darin, dass persönliche Beziehungen ein Moment, aber keine Grundlage der Regelung sozialer Beziehungen sind. Eben dies scheinen kleine Kinder lernen zu müssen.

Eine solche Perspektive scheint weit entfernt zu sein von jenen Vorstellungen, die um die Ermöglichung von Selbstbildungsprozessen kreisen. Deren Zentrierung auf das Selbst lässt das Soziale zum eher offenen Bestimmungsgrund des Eigenen werden. In einer Gesellschaft, in der die Gegenwart schrumpft, in der diese nicht mehr von der Vergangenheit abhängt und die zugleich nur in einem kontingenten Verhältnis zur Zukunft steht, ergeben sich keine gesicherten Perspektiven für den Umgang mit dem Nachwuchs. Dieser personifiziert gleichsam die eigene Kontingenz und Unbestimmbarkeit; er lädt dazu ein, als Fremdes aufgerufen, als Vertreter der ursprünglichen Hoffnung auf ein besseres Leben sakralisiert zu werden. Dass man die in ihm personifizierten Möglichkeiten einerseits ihrer Entwicklung überlassen müsste, sie aber zugleich im paternalistischen Sinne zu kennen und zu unterstützen bestrebt ist, eröffnet hier einen paradoxalen Raum.[14] Dass dieser paradoxale Raum gerade durch die verzweifelte Figuration ‚persönlicher Beziehungen‘, einer

---

[14] Vgl. Wimmer, Michael: Dekonstruktion und Erziehung. Studien zum Paradoxieproblem in der Pädagogik. Bielefeld 2006.

wahren Gemeinschaft im pädagogischen Bereich, geschlossen werden soll, vervoll-
ständigt die Opposition zur Dogon-Perspektive. Eine wahre persönliche Gemeinschaftsbeziehung, die – altersgemäß – einen offenen Erfahrungsraum für individuelle Selbstbildungsprozesse eröffnet, in denen das Individuum zu sich findet, setzt die
Virtualisierung dessen voraus, was die Dogon unter sozialem Sinn verstehen. Die
pädagogische Beziehung und ihr hoffnungsloser Paternalismus stellen ein Sozial-
verhältnis dar, das sich in den Dienst der Personwerdung des Kindes stellt.

Eine solche Opposition zu den Dogonpraktiken und -vorstellungen lässt sich auf-
rufen, ohne dass man tiefer in die Probleme und Auseinandersetzungen um die
Möglichkeit und Unmöglichkeit oder um den theoretischen und praktischen Umgang mit dem Signifikanten der Bildung einsteigen müsste. Es ist auch nicht notwendig, die Verortung von ‚Bildung‘ im Kontext liberaler Subjektivierungsprozes-
se, also deren mögliche ‚sozialisatorische Funktion‘ zu diskutieren.[15] Im vorliegenden Zusammenhang genügt der Verweis darauf, dass in einer funktionalen Perspektive die so anders erscheinenden Praktiken und Vorstellungen der Dogon ihre eigene
Rationalität zu haben scheinen und dass diese nicht einfach als defizitärer Modus
von Bildungsprozessen aufzurufen ist. Dieses Argumentationsziel kann nicht zuletzt
dadurch gestützt werden, dass neben der funktionalen eine moralische Perspektive
eingenommen wird.

3.

Dass man andere nur sehr begrenzt und ohne Aussicht auf fundierenden Anspruch
mit persönlichen Angelegenheiten, mit sich behelligen darf, signalisiert eine Form
des Respekts, die sich selbst auf die in der jeweiligen Beziehung liegenden Rechte
und Pflichten bezieht – und gerade nicht mehr fordert. Mehr zu fordern, den persönlichen Einsatz des anderen, dessen Qualität und Motivation, sein ‚Inneres‘ zum Gegenstand der eigenen Ansprüche zu machen, ist nicht legitim. Dies mag aus der Perspektive der bisher geschilderten Beispiele mit Leid, Verzweiflung, einer hilflosen
Einsamkeit verbunden sein; aber zugleich bedeutet dies eben auch, dass das ‚Innere‘
des Individuums nicht Gegenstand sozial formulierbarer Ansprüche wird. Man mag
darüber spekulieren, wie andere handeln werden, aber es gibt keine moralische
Semantik, die sich unabhängig von der Logik sozialer Beziehungen noch mit Ver-
bindlichkeitsanspruch auf das ‚Innere‘ des Gegenübers richten würde. Damit ist zugleich gesagt, dass es eine solche moralische Semantik auch nicht in dem Sinne gibt,
dass der Einzelne sich selbst darauf verpflichten müsste. Das ‚Innere‘ wird zum sozial und moralisch unbestimmten Raum, in dem Verfügungsansprüche weder individuell noch sozial erhoben werden. Wenn das Gegenüber die aus seiner je konkreten sozialen Situation resultierenden Rechte beansprucht oder Pflichten erfüllt, hat
man kein Recht, die persönliche Seite seiner Handlungen (die Motivation, die

---

[15] Vgl. Masschelein, Jan/Ricken, Norbert: Do We (Still) Need the Concept of *Bildung*? In: Educational
Philosophy and Theory 35 (2003), S. 139-154.

Freundlichkeit oder Unfreundlichkeit, mit der er das tut) zu monieren. Anders formuliert: Der Respekt, den man dem anderen durch die ‚äußere' Erfüllung seiner Pflichten erweist, geht einher mit einer Form des Respekts, die Ansprüche auf das (eigene wie andere) Innere abweist. Hauptsache ist, dass man seine Pflichten erfüllt, dass man als Mann seiner Frau die tägliche Ration Hirse gibt, dass die Frau das Essen zubereitet: Mit welcher ‚persönlichen Attitüde' das erfolgt, darf nicht – zumindest nicht mit moralischem Verpflichtungsanspruch – Thema werden. An anderer Stelle habe ich zu zeigen versucht, dass gerade daraus ein Raum entsteht, in dem das ‚Mehr Geben als man muss' zu einem Verständnis von Liebe führt, in dem sich der Respekt vor dem nicht verfügbaren ‚Inneren' des anderen mit der Wahrnehmung einer ‚unwahrscheinlichen' Nähe verbindet.[16] Hier kommt es mir eher darauf an zu betonen, dass der Respekt vor der Unverfügbarkeit des ‚Inneren' dem Gegenüber eine Würde zugesteht, die sozial nicht angetastet werden darf.

Dies mag nun vor dem Hintergrund einer funktionalen Perspektive erstaunlich erscheinen, in der doch das Individuelle als solches nur im Kontext der Befähigung zu sozialen Beziehungen und deren Handhabung aufgerufen wurde. Das, was dort gerade keine Rolle zu spielen schien, das ‚Innere' des Kindes, scheint nun selbst einen bedeutsamen – einen negativ bedeutsamen – Bezugspunkt zu bilden. Wenn man unter diesem Gesichtspunkt nun auf die Weigerung blickt, die Entwicklung des Kindes dadurch zu fördern, dass man mit ihm spricht, ohne dass es dies versteht, dass man von ihm Dinge fordert, die es noch nicht kann, aber vielleicht auf diese Weise lernt, dann erscheinen solche Vorgehensweisen als Eingriffe in das kindliche Selbst. Das Gleiche gilt für Versuche, das Kind zu etwas zu motivieren, wozu es keine Lust verspürt: Hier liegen die Dinge nur dann anders, wenn das Geforderte gekonnt und in der Eltern-Kind-Relation als Pflichterfüllung definiert werden kann. Umgekehrt kann das Kind – selbst dann, wenn es noch nicht weiß, was es tut – eine Aufmerksamkeit oder persönliche Zuwendung fordern, die die Mutter oder andere Erwachsene nicht zu geben bereit sind. Mischt es sich in deren Unterhaltung, wird man es einfach überhören.

Es ergibt sich so der Eindruck eines pädagogischen Regimes, das den Respekt vor dem unergründlichen, dem sozial unverfügbaren ‚Inneren' des jeweils anderen dem Kind gegenüber durchsetzt. Geschaffen wird so ein ‚moralischer' Respekt vor dem sozial intransparenten und unverfügbaren ‚Inneren' des anderen. Dieser mag schmerzhaft und voraussetzungsvoll sein, wenn man ihn in einer eigenen Notlage zu erbringen hat; aber zugleich ist er etwas, auf das man sich selbst hinsichtlich der drängenden Ansprüche der anderen zurückziehen kann.

Geschaffen wird ein solcher Respekt eher indirekt dadurch, dass man nur die Logik sozialer Verpflichtungen als Bezugspunkt aufruft, dass man diese als einzige intelligible Ordnung auch Kindern unterstellt, die noch keinen sozialen Sinn haben. Ein Beispiel: Als wir nachts vor dem Haus des Schmieds sitzen, liegen dessen zwei kleine Söhne schlafend auf einer Matte nebeneinander. Als der etwa 2-jährige Sohn

---

[16] Vgl. Schäfer, Alfred: Nähe als Distanz. Sozialität, Intimität und Erziehung bei den Dogon. Hamburg 2007.

seinem 5-jährigen Bruder im Schlaf den Arm auf die Schulter legt, geht der Schmied hin und nimmt den Arm herunter. Der Kleine müsse sich daran gewöhnen, dass er sich nicht auf seinen älteren Bruder stützen könne. Hätte der ältere sich auf den jüngeren Sohn gestützt, hätte er nicht eingegriffen. Dass die Berufung auf sozial definierte Beziehungsmuster dazu dient, ein mögliches persönliches Verhältnis zu Situationen *nicht* zu thematisieren, lässt sich an folgendem Beispiel zeigen. Wenn die 12-jährige Schwester das Elternhaus verlässt, um bei Verwandten zu leben, wird der 4-jährige Bruder nicht traurig sein, weil er – der ja noch keinen sozialen Sinn hat – wissen muss, dass Mädchen ohnehin irgendwann das Gehöft verlassen. Ältere Geschwister kann man nicht trösten, weil das deren Position gegenüber den kleineren unterlaufen würde. Gefühlsäußerungen werden als Einspruchsgrund gegen sozial akzeptierte Praktiken ausgegrenzt. Wenn auch die Mütter bei der Klitorisbeschneidung ihrer Töchter, die häufig kurz nach dem Abstillen stattfindet, anwesend sind, so wird anschließend, d. h. für die etwa zwei Wochen, die die beschnittenen Mädchen unter Aufsicht einer älteren Frau verbringen, jeder Kontakt abgebrochen: Man schickt das Essen für die Tochter über Dritte. Die soziale Notwendigkeit der Prozedur können Kinder noch nicht einsehen und jede Tröstung würde nicht nur deren Geltung relativieren, sondern auch die Mutter in die schwierige Situation bringen, die geforderte Distanz zwischen sich und dem Kind durchsetzen zu müssen.

Dass man vom anderen nur verlangen kann, was in der Logik sozialer Beziehungen geboten ist, impliziert so, dass dessen Verhältnis zum Verlangten selbst nicht Gegenstand einer sozialen Verpflichtung werden darf. Dies scheint unabhängig davon zu gelten, ob der andere mit dem Verlangten Probleme hat oder nicht. Der Respekt vor einem sozial nicht zu kontrollierenden Eigenraum des anderen hat seinen Preis. Aber er ermöglicht, im eigenen Namen zu sprechen, auch wenn dies notwendig ohne Anspruch auf soziale Verbindlichkeit geschieht. Er verweist damit letztlich auf eine Intransparenz dieses Eigenen, auf eine moralische Ordnung, die den Menschen zwar für die Verletzung von Rechten und Pflichten belangen kann, die ihn aber nicht zum ‚Täter hinter dem Tun' figuriert. Eben dies – die Selbsttransparenz und die Selbstverantwortung noch vor aller sozialen Verpflichtung – ist ein bedeutsamer Einsatzpunkt des modernen Selbstverständnisses. Das Subjekt soll sich im eigenen Namen, noch in kritischer Distanz zu dem, was man in seiner sozialen Umgebung für richtig hält, daraufhin prüfen, ob es bestimmte Normen, Regeln oder Gedanken für richtig oder falsch halten kann. Ihm wird unterstellt, dass es auf dieser Basis in der Lage ist, Entscheidungen begründet zu treffen und entsprechend zu handeln. Daher kann es – allein und als eine bestimmte Person, die sich in ihren Handlungen als solche zeigt – für sich verantwortlich gemacht und zur Rechenschaft gezogen werden. Der Hinweis auf ein allgemeines Einverständnis reicht nicht mehr aus, wenn man von der Möglichkeit eines freien und begründeten Verhältnisses des Individuums zu diesen Selbstverständlichkeiten ausgeht.

Ein solches Subjekt ist zur Selbsttransparenz und zur Souveränität verurteilt: Die Frage, inwieweit es überhaupt in der Lage sein kann, im eigenen Namen zu sprechen, ist immer schon – und zwar sozial – entschieden. Auch wenn es sein mag, dass eine solche Möglichkeit nur eine imaginäre ist, so schafft sie doch soziale und symbolische Ordnungen, in denen diese Möglichkeit als Schicksal artikuliert wird. Und es sollen nicht zuletzt Bildungsprozesse sein, in denen solche Möglichkeiten wirklich werden. Und auch hier kann nur darauf verwiesen werden, dass sich eine respektable Tradition des Nachdenkens über Bildung und Bildungsprozesse auf das je konkrete Individuum konzentriert. Diese Tradition zielt damit auf das, was sich einer solchen Subjektperspektive, der mit ihr verbundenen Selbsttransparenz und Souveränität entzieht. Und vielleicht steht eine solche Betonung der Individualität in irgendeiner untergründigen Beziehung zu jener Intransparenz und Unverfügbarkeit des Selbst, wie sie hier für die Dogon behauptet wurde.[17]

4.

Eine solche untergründige Verbindung scheint jedoch erneut auf Schwierigkeiten zu stoßen, wenn man aus der moralischen Perspektive in eine politisch-strategische wechselt. Dass das ‚Innere' des Gegenübers nicht selbst unter soziale Ansprüche gebracht werden kann, dies konstituiert einen Freiraum, der auch in der Befolgung sozialer Verpflichtungen geltend gemacht werden kann. Das Beispiel des ‚ancien' zeigte genau dies. Zwar kann man die Forderung an den Dorfchef, in seinem Namen bei der Bewilligungsbehörde vorstellig zu werden, als eine soziale Verpflichtung begreifen – ist doch gerade der Dorfchef dazu auch amtlich autorisiert. Wenn er diese Verpflichtung akzeptiert, sagt dies aber noch relativ wenig darüber aus, wie er sie erfüllt. Er könnte sie irgendwann erfüllen oder auch nicht: Einfache Angaben darüber, dass er nicht dazu gekommen sei, reichen aus, um die fehlende Pflichterfüllung zu rechtfertigen. Und sie tun dies gerade deshalb, weil der Verpflichtende kein moralisches Recht hat, noch das (persönliche) Verhältnis des Dorfchefs zur Erfüllung seiner Pflichten zum Gegenstand einer Auseinandersetzung zu machen. Dies wäre respektlos.

Die Doppelung des Respekts, der einerseits an die Erfüllung der mit einer bestimmten sozialen Positionierung gegebenen Rechte und Pflichten gebunden ist, und der andererseits verlangt, das ‚Wie' dieser Erfüllung nicht bzw. nur sehr bedingt einklagen zu können, da es hier um das ‚persönliche' Verhältnis zu diesen Rechten und Pflichten geht – diese Doppelung des Respekts bringt eine Fragilität in die sozialen Beziehungen der Dogon. Konstituiert wird ein Problem hinsichtlich der Sicherheit, mit der die Erfüllung sozialer Verpflichtungen zu erwarten ist. Es entsteht ein Spielraum der Beteiligten, der strategisch zu nutzen ist: Keine Verpflichtung ist so, dass sie nicht doch zu unterlaufen oder auszunutzen wäre. Und man kann froh sein, wenn das Vereinbarte klappt, wenn eingegangene Verpflichtungen erfüllt werden. Der Verweis auf das Verhältnis zu den Verpflichtungen kann dabei nicht darüber als Verhinderungsgrund geltend gemacht werden, dass man innere Zustände, Emotionen oder psychische Probleme aufruft. Auch dieser Verweis ist nur indirekt akzeptabel dadurch, dass man auf Probleme in der Situation verweist: Anderes erschien

---

[17] Vgl. Schäfer, Alfred: Die Erfindung des Pädagogischen. Paderborn 2009.

einfach wichtiger, drängender. Aber man muss – und hier kommt der Respekt vor dem ‚Inneren' des anderen zum Tragen – keine Rechtfertigung für die Präferenz geben, die man gewählt hat. Deshalb reichen Rechtfertigungen, die banal erscheinen. Und sie tun dies auch im vorliegenden Beispiel, in dem die Erfüllung der Verpflichtung gegenüber dem Alten, die dieser mit Recht fordert, eine existentielle Bedeutung hat.

Die moralische Welt der Dogon, in der soziale Beziehungen zwar asymmetrisch, aber doch über Rechte und Pflichten geordnet erscheinen, und in der das ‚Innere' des Individuums als sozial unverfügbar respektiert wurde, droht sich daher in eine Welt universalisierten Misstrauens zu verkehren. Auch wenn man die sozialen Regeln kennt, bedeutet das keine Sicherheit. Es ist nicht zuletzt die Doppelung des Respekts, die einen strategisch-politischen Raum eröffnet. Und es ist zugleich diese Doppelung, die verhindert, dass man diesen letztlich agonalen Raum mit moralischen Mitteln unter Kontrolle bringen könnte. Es ist der Punkt, an dem – sollten die strategischen Spiele ruinös werden – nur noch die Familienschreine mit ihrer magischen Kraft helfen können. Wenn sie zunehmend ihre Kraft verlieren – wie der Dorfchef vermutet –, dann werden die strategischen und damit zentrifugalen Kräfte überhand nehmen.

5.

Ich komme zu meinen abschließenden Bemerkungen. Sicherlich wird man im Hinblick auf die vorstehenden Skizzen das Problem der Repräsentation ethnographischer Erfahrung berücksichtigen müssen. Dieses besteht darin, dass man das erfahrene Fremde doch letztlich nur im Rahmen eines eigenen Selbst- und Weltverhältnisses explizieren kann, dessen notwendigen Verzerrungen man nicht entkommen kann.[18] Dem Fremden durch das Eigene hindurch einen Ort zu geben, der nicht im Eigenen aufgeht – dies bildet eine paradoxe Aufgabenstellung für die Repräsentation ethnographischer Erfahrung. Die vorstehende konstellative Darlegung unterschiedlicher und nicht zur Einheit gebrachter Zugangsweisen versucht, wenigstens ein Stück weit, dieser paradoxen Aufgabenstellung gerecht zu werden.

Dennoch bleibt der argumentationsstrategische Einsatz dieser Skizze ein doppelter. Zum ersten dürfte vielleicht deutlich geworden sein, dass eine auf das kindliche Selbst und dessen Weltzugang fokussierte reformpädagogische Perspektive, die mit Optionen des (expressiven) Selbstausdrucks und der Steigerung der eigenen Weltaneignung arbeitet, dem Selbst- und Weltverständnis der Dogon und dem diesem entsprechenden Kindheitsbild fremd sein dürfte. Dass in der eingangs erwähnten Unterrichtsstunde keine Verhandlungen über die sozialen Beziehungen unter den Kindern geführt wurden, dass auch der moralische Gehalt der Geschichte selbst nicht zum Gegenstand diskursiver Auseinandersetzungen wurde, die als solche ei-

---

[18] Vgl. Berg, Eberhard/Fuchs, Martin (Hg.): Kultur, soziale Praxis, Text. Die Krise der ethnographischen Repräsentation. Frankfurt a. M. 1993.

nen selbst- oder gruppenzentrierten Entwurf des richtigen Sozialverhaltens artikuliert hätten – dies scheint nachvollziehbar, wenn man die doppelte Logik des Respekts bedenkt. Man würde sich damit sowohl über den sozialen Ort von Kindern wie auch über jenen Respekt hinwegsetzen, den man der ‚Persönlichkeit' des anderen schuldet. Man würde zudem die Möglichkeit einer offenen moralischen Diskussion jenseits strategischer Spiele voraussetzen, für die im Rahmen distanzierter Umgangsformen nur schwerlich ein Ort auszumachen sein dürfte.

Der zweite Einsatzpunkt zielt darauf zu zeigen, dass neben dem modernen Ausgangspunkt eines sich bestimmenden und verwirklichenden Selbst und seiner geschilderten Problematik kulturell andere Subjektivierungsformen möglich sind, die ähnlich komplex gebaut sind. Auch das im Hinblick auf die Dogon geschilderte Selbst geht nicht einfach in einer sozialen Funktionalität auf. Auch seine Abgründigkeit, seine Intransparenz und Nicht-Ausrechenbarkeit, wird zum Gegenstand anderer sozialer Umgangsformen, die den ‚Anspruch auf Selbstbestimmung und Selbstverwirklichung' gerade dadurch ernst nehmen, dass sie ihn affirmieren und zugleich als *sozialen* Anspruch negieren. Dies führt – wie zu zeigen versucht wurde – nicht zuletzt dazu, dass dieses Selbst nicht in den Strudel der Selbststeigerung hineingerissen, nicht in der Figur einer empirisch-transzendentalen Dublette formuliert wird.

Dies alles mag auf die Schwierigkeiten der Universalisierung der modernen Schule verweisen – vor allem dann, wenn sie mit reformpädagogischen Ambitionen mehr zu sein beansprucht als eine unpersönliche Wissensvermittlung. Diese Schwierigkeiten scheinen dabei vor allem im kulturellen Umfeld zu liegen, welches – auch in westlichen Gesellschaften – die Schule als ausgegliedertes Funktionssystem immer schon bricht. In westlich orientierten Gesellschaften wirkt aber diese Organisationsform der Schule, die zwischen Familie und gesellschaftlichen Institutionen angesiedelt ist, durchaus vorbereitend auf das Leben eines Individuums, das immer schon mit den Ansprüchen an die Selbstverfügung und Selbstverantwortung konfrontiert wird. Genau dies scheint im kulturellen Kontext der Dogon nicht der Fall zu sein.

Henrik Simojoki

Pädagogische Reform im Horizont der Globalisierung.
Herausforderungen interreligiösen Lernens

1 Notwendige Eingrenzungen

Es wäre ein Leichtes, zu Beginn dieses Beitrages die Bedeutung, Aktualität und Relevanz seines Gegenstandes herauszustreichen, gerade auch mit Blick auf religiöses Lernen. Ich setze aber bewusst verhaltener an und beginne mit den bei diesem Thema gegebenen Versuchungen. Denn Globalisierung ist ein Begriff von umfassender Reichweite. Er schließt, zumindest potenziell, die gesamte Welt ein, nimmt am Ganzen Maß. Das ist der Grund, warum er derzeit in aller Munde ist, und eben aus diesem Grund, glaube ich, sollten wir vorsichtig sein, wenn wir Gebrauch von ihm machen. Wer Globalisierung sagt, begibt sich leicht in Gefahr, zu viel zu behaupten. Die Welt als Ganzes in den Blick zu nehmen, bedeutet nämlich noch längst nicht, dass man plötzlich alles sieht. Oft ist eher das Gegenteil der Fall: Der perspektivische Wechsel in die Totale kann zu einem Verlust an Detailschärfe führen. Soll die Rede vom Globalen daher überhaupt einen Sinn haben, dann nur, wenn sie sich nicht nur auf das Ganze, sondern auch auf das Einzelne beziehen lässt. Damit ist eine wesentliche Zielrichtung dieses Aufsatzes bereits angedeutet: Er will zeigen, dass – auch im Falle religiöser Globalisierung – die Veränderungen im Großen sich gerade im Kleinen bemerkbar machen.

Davor aber braucht es, aus genannten Gründen, eine ganze Reihe von Eingrenzungen, Differenzierungen und Präzisierungen. Ich folge dabei dem Titel dieses Sammelbandes, „Pädagogische Reform im Horizont der Globalisierung", den ich in meinem Beitrag unter dem Gesichtspunkt religiösen Lernens durchleuchten werde – und rolle ihn gewissermaßen von hinten auf.

Die erste Eingrenzung, die sich von hier aus ergibt, bezieht sich auf den im Titel gewählten Numerus: Der Bielefelder Soziologe Hartmann Tyrell weist in einem sehr lesenswerten Artikel darauf hin, dass die gegenwärtige Diskussion um Globalisierung und Weltgesellschaft als Streit um Singular und Plural gedeutet werden kann.[1] Zumindest im Blick auf Globalisierungssemantik lässt sich sagen, dass die Tendenz klar zum Plural geht. Noch zu Beginn des Jahrtausends, als der Widerstand gegen die Globalisierung in den Metropolen dieser Welt hunderttausende Menschen auf die Straße trieb, dominierte in der wissenschaftlichen und öffentlichen Diskussion klar ein singularischer Sprachgebrauch: Globalisierung wurde in erster Linie als ein ökonomischer Prozess gedeutet und als solcher entweder mit weitreichenden

---

[1] Tyrell, Hartmann: Singular oder Plural. Einleitende Bemerkungen zu *Globalisierung* und *Weltgesellschaft*. In: Heinz, Bettina/Münch, Richard/Tyrell, Hartmann (Hg.): Weltgesellschaft. Theoretische Zugänge und empirische Problemlagen (Sonderheft der Zeitschrift für Soziologie). Stuttgart 2005, S. 1-50.

Heilserwartungen belegt oder vehement bekämpft. Mittlerweile hat der Begriff diese Griffigkeit verloren. Vielmehr wird er auf immer neue Bereiche der einen vernetzten Welt ausgeweitet und daher im Plural verhandelt. „Many globalizations", mit dieser Titelformulierung ihrer 2002 erschienenen Aufsatzsammlung zum Thema bringen Peter L. Berger und Samuel Huntington pointiert zum Ausdruck, dass sich die Frage der Globalisierung in der heutigen Welt nur in der Mehrzahl stellen kann.[2] Daher kann man auch nicht einfach generalisierend nach pädagogischen Antworten auf die Globalisierung suchen, sondern muss vorher Auskunft darüber geben, welche der unterschiedlichen Globalisierungsdynamiken man eigentlich im Blick hat.

So geht es auch in diesem Beitrag nicht um Globalisierung im Allgemeinen. Es geht um Globalisierung von Religion. Freilich ist der damit abgesteckte Horizont noch viel zu verschwommen, um religiöse Bildungsprozesse wirksam orientieren zu können. Denn der Begriff der globalisierten Religion ist eminent mehrdeutig; er lässt sich auf sehr unterschiedliche Phänomene und Segmente der religiösen Alltagswelt beziehen. Weitere Differenzierungen sind also notwendig. Ich selbst habe vorge-schlagen, zwischen drei für religiöse Bildung maßgeblichen Horizonten globalisier-ter Religion zu unterscheiden.[3] Ich will sie an dieser Stelle nur in sehr groben Um-rissen skizzieren, um dann eine weitere für diesen Beitrag richtungsweisende Fokus-sierung vorzunehmen.

Der erste Horizont religiöser Globalisierung ist religionskulturell bestimmt. Er rückt erst ins Gesichtsfeld, wenn man – im Sinne des „cultural turn" – Globalisie-rung als kulturelles Phänomen versteht, also danach fragt, wie Menschen den globa-len Wandel sinnhaft bearbeiten. Die neuere Globalisierungsforschung widmet sich längst nicht mehr lediglich der Rekonstruktion und Analyse realgeschichtlicher Vernetzungs- und Verdichtungsvorgänge. Ihr Interesse gilt gleichermaßen der Transformation von Sinnentwürfen, Weltbildern und Lebenspraxen, die mit diesem Prozess einhergehen. Es geht um Identität, Sinn und existenzielle Fraglichkeit – und, bei alledem, in wachsendem Maße auch um Religion. Roland Robertson, einer der profiliertesten Vertreter der kulturellen Globalisierungsforschung, ist der Ansicht, dass der Prozess der Globalisierung Religiosität geradezu begünstigt.[4] Er geht davon aus, dass die Welt im Zuge der ständigen Horizonterweiterungen auf dem globalen Feld immer deutungsbedürftiger wird. Selbst der unbeteiligte Nachrichtenzuschauer, der am Weltgeschehen nur von seinem Wohnzimmersessel aus teilnimmt, kommt kaum umhin, sich die Frage zu stellen: „Wo soll das alles nur hinführen?" Robertson nennt solche Fragen „telisch"; in ihnen wird die Welt auf ihre Zielperspektive, die Menschheit auf ihre Bestimmung hin fraglich. Zu einer religiösen Bildungsheraus-forderung wird dieser Wandel dadurch, dass er den Einzelnen vor ganz neue Orien-tierungsherausforderung stellt, die eine subjekt- und weltgerechte Religionspädago-

---

[2]   Berger, Peter L./Huntington, Samuel (Hg.): Many Globalizations. Cultural Diversity in the Contempo-rary World. Oxford 2002.

[3]   Simojoki, Henrik: Globalisierte Religion. Ausgangspunkte, Maßstäbe und Perspektiven religiöser Bil-dung in der Weltgesellschaft (Praktische Theologie in Geschichte und Gegenwart 12). Tübingen 2012.

[4]   Robertson, Roland: Religion und Politik im globalen Kontext der Gegenwart. In: Minkenberg, Micha-el/Willems, Ulrich (Hg.): Politik und Religion. Wiesbaden 2003, S. 581-594.

gik nicht einfach übergehen kann. Daraus ergibt sich als erster religionspädagogischer Fokus: religiöse Bildung im Horizont der globalisierten Welt.

Während Religion in diesem ersten Interpretationshorizont als eine sinnorientierte Form kultureller Reflexivität und Praxis anvisiert wird, erscheint sie im zweiten in der geschichtlich bestimmten Gestalt des Christentums. In der gegenwärtigen Religionspädagogik wird der Unterricht in christlicher Religion bislang noch eigentümlich atopisch reflektiert, mit wenig Bewusstsein einerseits für die Globalität der christlichen Religion und andererseits für die vielfältigen Verflechtungen und Verschiebungen innerhalb des globalen Christentums, die sich in wachsendem Maße auch in den Klassenzimmern hierzulande bemerkbar machen. Hier artikuliert sich eine Bildungsherausforderung, der sich die Religionspädagogik künftig verstärkt stellen muss. Während das bunte Spektrum außerkirchlicher Religionsformen in der gegenwärtigen Forschung aufwendig und mit steigendem Differenzierungsgrad erschlossen wird, hat die Transformation des Christlichen im Kontext der Globalisierung nur wenig Aufmerksamkeit auf sich gezogen. Sie wird zumeist selbst dann nicht adressiert, wenn religiöse Bildung ausdrücklich in ökumenischer Absicht konzipiert wird. Folglich lautet die zweite Leitperspektive: ökumenische Bildung im Horizont des globalisierten Christentums.

Der dritte Globalisierungshorizont religiöser Bildung öffnet sich, sobald man den zweiten entschränkt. Denn der bislang aufgespannte Analyserahmen fängt nicht ein, was der globalen Religionslandschaft – und mit ihr der gegenwärtigen Weltlage – ihre eigentümliche Ambivalenz verleiht: die spannungsvolle Koexistenz mehrerer globalisierter Religionen, die sich weltweit in unterschiedlichsten und stets spezifischen Konstellationen begegnen, bereichern und auch in die Quere kommen. In der Bundesrepublik Deutschland hat sich diese Konstellation in den letzten Jahrzehnten stark gewandelt, in Richtung einer multireligiösen Situation, die besonders durch die kontinuierlich wachsende Präsenz des Islam geprägt wird. Entsprechend intensiv wird in der Religionspädagogik darüber nachgedacht, wie junge Menschen dazu befähigt werden können, Angehörigen anderer Religionen wertschätzend, gesprächsbereit und differenzbewusst zu begegnen. Diese Frage soll im Folgenden aufgenommen und unter globalisierungstheoretischen Prämissen weitergeführt werden. Theorien der Globalisierung, so wird sich zeigen, eignen sich dazu, die neuartige Kontextualität und Komplexität solcher Begegnungen verständlich zu machen. Was auf den ersten Blick relativ unkompliziert erscheint – ein christlicher Schüler trifft auf eine muslimische Mitschülerin – erweist sich bei genauerem Hinsehen als eine hochkomplexe Konstellation, in der sich Globales und Lokales überlagern und Identitäten ebenso mehrbezüglich sind wie die Bilder des Fremden. Es geht in diesem Beitrag also um interreligiöse Bildung im Horizont globalisierter Religionen.

Bevor ich diesen Faden aufnehme, noch eine Bemerkung zum letzten – oder: in diesem Fall – ersten Glied der Titelformulierung: pädagogische Reform. Im Kontext der Globalisierung droht auch die pädagogische Reformsemantik ins allzu Großformatige zu entgleiten. Es geht dann oft um nationale Schulsysteme, die verglichen, reformiert oder gar generalüberholt werden sollen. Auch hier setze ich meinen Fokus bewusst kleinformatiger an: Mich interessiert, wie sich die Globalisierung von

Religion auf die Alltagsbedingungen des Unterrichtens auswirkt und welche Herausforderungen für religiöses Lernen sich auf dieser Ebene abzeichnen. Daher beginne ich mit einem reellen Beispiel aus dem Alltagsgeschäft religiöser Bildung.

2 Beirut in Berlin? Die Präsenz des Entfernten im Kontext interreligiöser Bildung

Im Schuljahr 2008/2009 fand an der Kurt-Löwenstein-Oberschule in Berlin-Neukölln ein bemerkenswertes Schulprojekt statt.[5] Schülerinnen und Schüler einer neunten Jahrgangsstufe – mehrheitlich christlich und muslimisch – setzten sich über ein gesamtes Schuljahr hinweg mit der christlichen, islamischen und jüdischen Religion auseinander. Der interreligiöse Bildungsprozess war bewusst lebensweltlich angelegt. Die Jugendlichen interviewten einander und bezogen auch das familiäre Umfeld der jeweils Befragten in ihre Video-Dokumentation ein. In einem nächsten Schritt sollte der dialogische Begegnungsraum auch auf das Judentum ausgeweitet werden. Geplant war ein Besuch in einem jüdischen Jugendzentrum, wo ein Gespräch mit gleichaltrigen Jüdinnen und Juden anberaumt war. Allerdings taten sich hier unerwartet heftige Widerstände auf: Unter dem noch frischen Eindruck des Zweiten Libanonkrieges weigerten sich einige muslimische Schüler kategorisch, sich mit ihren jüdischen Altersgenossen zu treffen. Ein behutsam angebahnter und bislang ertragreicher Prozess interreligiöser Bildung drohte an einem Konflikt zu zerbrechen, der mit der unmittelbaren Wirklichkeit vor Ort nichts zu tun haben schien. In dieser Situation trafen die verantwortlichen Lehrkräfte eine Entscheidung, die dem weiteren Verlauf des Begegnungsprozesses sehr zugute kommen sollte: Sie brachen das Projekt nicht ab, machten aber auch nicht einfach weiter. Vielmehr hielten sie inne, nahmen sich Zeit, um das Geschehene analytisch zu verarbeiten und auf seine didaktischen Konsequenzen hin zu befragen.

Was ich hier in knapper Form skizziert habe, ist ein Lernprozess, der in hohem Maße dem religionsdidaktischen „state of the art" entspricht. Interreligiöse Bildung richtet sich hier überzeugend an den Subjekten des Lernens aus. Die Leitfrage, wie Menschen unterschiedlicher religiöser Herkunft und Zugehörigkeit in gegenseitiger Achtung und Toleranz zusammenleben können, wird nicht abstrakt verhandelt, sondern dorthin verlagert, wo sie sich letztlich entscheidet: in den Alltag der Schülerinnen und Schüler und die lokale Lebenswelt, in der dieser Alltag sich abspielt. Und doch endet der gesuchte Brückenschlag zum multireligiösen Lebenskontext der Jugendlichen in einer kommunikativen Blockade. Warum?

Eine mögliche Erklärung deutet sich an, wenn man das didaktische Geschehen in räumlicher Perspektive aufrollt. Offenbar wurde der konzeptionell ausschlaggebende lebensweltliche Kontext in diesem Schulprojekt zunächst ganz vom sozialen Nahraum der Schülerinnen und Schüler her gedeutet. Im didaktischen Vollzug zeig-

---

te sich dann aber, dass diese Voraussetzung für einen Teil der Jugendlichen so nicht zutraf. Die auf lokaler Ebene angebahnte Begegnung scheiterte an einem religiös geladenen Konflikt auf der Ebene des Globalen, Berlin – so könnte man sagen – wurde von Beirut überlagert. Stimmt diese Diagnose, dann wäre der eingetretene Problemfall als Anstoß zu begreifen, gründlicher darüber nachzudenken, wie sich das räumliche Zusammenschmelzen der Welt auf die religiöse Identität und die interreligiöse Bildung heutiger Jugendlicher auswirkt.

Dazu will ich im Folgenden einige Impulse geben. Zunächst nehme ich, wenn auch notgedrungen kurz, die Transformationen des lebensweltlichen Kontextes interreligiöser Bildung aus der soziologischen Außenperspektive in den Blick, um dann zu fragen, wie sich diese Veränderungen im Innenleben der Schülerinnen und Schüler bemerkbar machen. Anschließend versuche ich, eine Forschungsperspektive zu umreißen, die die raumgreifende Globalisierung religiöser Lebenswelten jugendsoziologisch konkretisiert und auch empirischer Analyse zugänglich macht. All dies geschieht in enger Tuchfühlung mit der eben skizzierten didaktischen Problemkonstellation.

3 Die „neue Kontextualität". Interreligiöse Bildung
in der Spannung zwischen Globalem und Lokalem

Warum empfiehlt es sich, die eingangs skizzierte Problemlage gerade im theoretischen Horizont der Globalisierung zu deuten? Im Vergleich zu anderen gängigen Deutungsmodellen gesellschaftlichen, kulturellen und religiösen Wandels hat die Globalisierungsperspektive einen entscheidenden Vorteil: Sie erschließt die Transformation jugendlicher Alltagswelten unter Einschluss des Raumes, also dreidimensional. Damit rückt in den Fokus, was im dargestellten Schulprojekt konflikthaft aufbricht: die ambivalente Nähe des Entfernten in der Lebenswirklichkeit heutiger Jugendlicher.

Der bereits genannte Roland Robertson, der dieses Thema auf die soziologische Agenda gesetzt hat, sieht in der wechselseitigen Durchdringung des Globalen und Lokalen das Schlüsselmoment der Globalisierung überhaupt. Dass sich das Globale in unserer Alltagswelt sichtbar macht, lässt sich am Beispiel der McDonald's-Filialen nachweisen, die ja mittlerweile das Straßenbild auch deutscher Städte nachhaltig prägen. Es sind Phänomene wie dieses, die sich beim Stichwort Globalisierung als erstes einstellen: der große Gleichmacher der Kultur, der das Lokale mit seinen Eigentümlichkeiten wegdrängt und verrichtet.[6] Demgegenüber betont Robertson, dass das Globale stets vor Ort geschaffen und spezifisch adaptiert wird. Wer in Bamberg einen BicMac bestellt, wird Fastfood anders erleben als einer, der dies in Peking tut.[7] Entgegen dem Schreckensszenario einer kulturell vereinheitlichten Welt löst sich das Lokale in Globalisierungsprozessen keineswegs auf. Aber es

---

[6]   Vgl. Ritzer, George: Die McDonaldisierung der Gesellschaft. Frankfurt a. M. 1995.

[7]   Vgl. Watson, James L. (Hg.): Golden Arches East. McDonald's in East Asia. Stanford 1997.

bleibt eben auch nicht unverändert. Vielmehr gilt: „Contemporary locality is largely produced in something like global terms"[8].

Was das bedeutet, lässt sich an unserem didaktischen Ausgangsbeispiel plastisch nachvollziehen. Auch hier mischt sich die soziale Realität vor Ort unverkennbar mit Bildern und Vorstellungen, die aus der Ferne gespeist sind. Allerdings geschieht dies in eben jener charakteristischen Brechung, auf die Robertson aufmerksam macht. Denn natürlich spielt sich der Nahostkonflikt nicht in Berlin ab; seine Präsenz in der Einstellungswelt mancher Schülerinnen und Schüler ist vielmehr symbolischer Art und folglich durch beides geprägt: die Gegebenheiten in der Ferne und deren interpretative Verarbeitung vor Ort. Damit wird deutlich, was Robertson meint, wenn er dieses Wechselspiel von Globalem und Lokalen auf den Begriff der „Glokalisierung" bringt.

Der kanadische Religionssoziologe Peter Beyer führt diese Perspektive um einen wichtigen Schritt weiter. Schon der Titel seiner Hauptschrift – „Religions in Global Society" – bringt zum Ausdruck, warum seine Theorieofferte für unsere Problemstellung so hilfreich ist.[9] In ihr wird fokussiert, was interreligiöse Bildung gerade auch in Neukölln so dringlich und gleichzeitig so schwierig macht: die spannungsvolle Koexistenz der Religionen im übergreifenden Horizont der einen Weltgesellschaft. Die Grundthese Beyers lautet: Religionen operieren heutzutage in einem gemeinsamen globalen Referenzrahmen. Sie entwickeln, verändern und definieren sich mit ständigem Bezug aufeinander. Dabei ist die Art und Weise dieses Wechselbezugs entscheidend: Die globalen Religionen begegnen sich in der Weltgesellschaft nie in Reinform, sondern immer in spezifischen, lokal bestimmten Konstellationen. Nimmt man diesen Hinweis ernst, dann wäre an jede pädagogische Anbahnung interreligiöser Verständigung immer die präzisierende Nachfrage zu richten: Verständigung im Kontext welcher „glokalen" Konstellation?

Damit wird deutlich, dass sich aus der globalen Perspektive die Notwendigkeit einer lokalisierenden Didaktik ergibt. Vor diesem Hintergrund wird der lebensweltorientierte Grundansatz des Neuköllner Schulprojektes zunächst einmal nachdrücklich bestätigt. Nur muss dabei eben bedacht werden, dass wir es – wie der amerikanische Theologe Robert Schreiter schreibt – mit einer auch dogmatisch herausfordernden „neuen Kontextualität"[10] zu tun haben, die sich von vergangenen Formen religiöser Lebensweltbindung dadurch unterscheidet, dass sie sich im Spannungsfeld des Lokalen und Globalen ausbildet.

Folglich kann der Kontext interreligiöser Bildung unter globalisierten Bedingungen nicht mehr allein von der sozialen Nahwelt aus bestimmt werden. Stattdessen wird es bei der Klärung der didaktischen Ausgangsbedingungen immer mehr darauf

---

[8]   Robertson, Roland: Globalisation or Glocalisation? In: The Journal of International Communication 1 (1994), S. 33-52, hier: S. 39.

[9]   Beyer, Peter: Religions in Global Society. London/New York 2006.

[10]   Schreiter, Robert J.: Die neue Kontextualität. Globalisierung und Fragmentierung als Herausforderung an Theologie und Kirche. In: Evangelisches Missionswerk Deutschland (Hg.): Glaube und Globalität (Jahrbuch Mission 1999). Hamburg 1999, S. 29-49.

ankommen, das Zusammenspiel des Lokalen und Globalen in der Lebenswelt der jeweiligen Lerngruppe möglichst differenziert und schülernah zu entschlüsseln.

Allerdings ist den Verantwortlichen des blockierten Schulprojektes mit dieser ersten Annäherung an die komplexer gewordene Lebenswelt interreligiöser Bildung nur begrenzt geholfen. Denn die Sicht auf die veränderten Konstellationen solcher Bildung blieb bislang weitgehend auf die didaktischen Außenbedingungen beschränkt.

Es fehlt noch die für religiöse Bildung konstitutive Ausrichtung am lernenden Subjekt. Folglich muss die Frage nach der Beziehung zwischen dem Globalen und Lokalen nun mit einer weiteren verschränkt werden, die noch tiefer in das Proprium interreligiöser Bildung hineinreicht: Wie wirken sich die nachgezeichneten Veränderungen im lebensweltlichen Raum heutiger Jugendlicher auf ihre individuellen Konstruktionen von Identität und Andersheit aus?

4 Die Verflüssigung des Fremden. Interreligiöse Bildung in der Spannung zwischen Eigenem und Fremdem

Interreligiöse Bildung vollzieht sich in der Spannung von Eigenem und Fremdem. In der eingangs beschriebenen Konfliktsituation bricht diese Spannung in besonderer Schärfe auf: Die Distanz zwischen Eigenem und Fremdem wird von einem Teil der multireligiösen Lerngruppe als schier unüberwindbar empfunden; die Kluft erscheint so groß, dass sie nicht nur interreligiöse Verständigung ausschließt, sondern bereits die Voraussetzung zu solcher: die Begegnung.

Es überrascht daher nicht, dass sich die religionspädagogische Reflexion des Fremden in seiner Beziehung zum Eigenen gerade an der Herausforderung interreligiöser Bildung entzündet hat. Dabei läuft die Debatte auffällig parallel zur allgemeinen theologisch-hermeneutischen Diskussion. In Abgrenzung zu den auch in der theologischen Denktradition fest verankerten Tendenzen zur Ausgrenzung, Neutralisierung und Vereinnahmung des Fremden bildet nun dessen Unhintergehbarkeit die Ausgangsprämisse des Nachdenkens über interreligiöse Verständigung. Was Karl Ernst Nipkow als „Hermeneutik des widerständigen Fremden"[11] bezeichnet, ist von Theo Sundermeier auf den Programmbegriff einer „Differenzhermeneutik" gebracht worden, „die das Differente verstehen lehrt, ohne es zu vereinnahmen"[12].

---

[11] Nipkow, Karl Ernst: Pädagogik und Religionspädagogik zum neuen Jahrtausend. Bd. 2: Christliche Pädagogik und Interreligiöses Lernen. Friedenserziehung. Religionsunterricht und Ethikunterricht. Gütersloh 2005, S. 259 (im Original kursiv).

[12] Sundermeier, Theo: Das Fremde verstehen. Eine praktische Hermeneutik. Göttingen 1996, S. 13. Neuere Versuche einer interreligiösen bzw. religionstheologischen Differenzhermeneutik finden sich bei Grünschloß, Andreas: Der eigene und der fremde Glaube. Studien zur interreligiösen Fremdwahrnehmung in Islam, Hinduismus, Buddhismus und Christentum (Hermeneutische Untersuchungen zur Theologie 37). Tübingen 1999; Danz, Christian: Einführung in die Theologie der Religionen (Lehr- und Studienbücher zur Theologie 1). Wien u. a. 2005, S. 221-239; Ders.: Theologie der Religionen als Differenzhermeneutik. In: Ders./Körtner, Ulrich H.J. (Hg.): Theologie der Religionen. Positionen und Perspektiven evangelischer Theologie. Neukirchen-Vluyn 2005, S. 77-103.

Wenn ich im Folgenden das Spektrum religionspädagogischer Zugänge zum Fremden um die kulturelle Globalisierungsperspektive bereichere, so geschieht das in der Absicht, eine stillschweigende Voraussetzung zu hinterfragen, die solchen Modellen der Korrelierung des Eigenen mit dem Fremden in der Regel zugrundeliegt: nämlich dass sich Eigenes und Fremdes als distinkt unterscheiden und folglich dialogisch aufeinander beziehen lassen.[13]

Folgt man dem Berliner Erziehungswissenschaftler Christoph Wulf, so wird diese Ausgangsprämisse gegenwärtig vor allem dadurch porös, dass es Heranwachsenden infolge der kulturellen Globalisierungsdynamik generell immer schwerer fällt, zwischen Eigenem und Fremdem zu unterscheiden.[14] Genauerhin ist es die für den globalen Kulturwandel charakteristische Tendenz zur Hybridisierung, die nach Wulf die eingespielten Denkschemata interkultureller Bildung ins Wanken bringt.

Da kulturelle Phänomene und Zugehörigkeiten infolge der wechselseitigen Durchdringung des Globalen und Lokalen immer neue Kreuzungen und Kombinationen eingehen, verliert auch das Fremde unweigerlich an Konturen. Bildungstheoretisch virulent wird diese Tendenz dadurch, dass die Verflüssigung des Fremden auch an der Grenze zum Eigenen nicht Halt macht. Das Fremde verharrt nicht mehr im Jenseits des Eigenen, als ein Gegenüber, sondern ist dem Eigenen in vielfältiger und widersprüchlicher Weise inhärent.

Wie hat man sich das religionsdidaktisch vorzustellen? Wenn Jugendliche sich im evangelischen Religionsunterricht mit fremder Religion befassen oder in ihrem Alltag Angehörigen anderer Religionen begegnen, wird ihr Umgang mit dem Fremden nie allein davon bestimmt sein, was ihnen vorliegt oder wen sie vor sich haben. Denn das Fremde ist ihnen bereits zu eigen, vermittelt durch eine undurchsichtige Mixtur aus persönlichen Vorerfahrungen, angeeigneten Wissensbeständen, biographischen Bezügen, kulturellen Prägungen, medial vermittelten Bildern, konventionellen Stereotypen usw. Wie sich in Neukölln zeigte, darf diese Präsenz nicht spannungslos gedacht werden, und es ist insgesamt davon auszugehen, dass sie künftig weiter an Konflikthaftigkeit gewinnen wird.

Es könnte freilich sein, dass das Kollegium der Kurt-Löwenstein-Schule auf diese Feststellung eher mit einem Schulterzucken reagieren würde. Zwar leuchte, so der naheliegende Einwand, der Hinweis die auf die hybride Präsenz des Fremden im Eigenen durchaus ein. Nur: Sie hätten hier ein akutes Problem zu lösen; und da seien eben konkrete Handlungsperspektiven gefragt, nicht bloß verfeinerte Analysemöglichkeiten.

Folgt man Wulf, so ist in diesem Fall aber das eine nicht von dem anderen zu trennen. Wenn Eigenes und Fremdes tatsächlich im vorgezeichneten Sinne ineinandergreifen, dann müssen Prozesse der Verständigung zwischen Eigenem und Fremdem immer auch und immer mehr als Prozesse der Selbstdeutung verstanden und

---

¹³ Als wohl differenzierteste Variante einer dialogischen Korrelation von Eigenem und Fremden vgl. Nipkow 2005, S. 335-344.

¹⁴ Wulf, Christoph: Anthropologie interkultureller Vielfalt. Interkulturelle Bildung in Zeiten der Globalisierung. Bielefeld 2006, bes. S. 37-50.

angelegt werden. Daraus ergibt sich ein didaktischer Fingerzeig, der sich ohne Weiteres auf die ursprüngliche konzeptionelle Anlage des Neuköllner Schulprojektes beziehen lässt.

Vielleicht, so ließe sich im Anschluss an Wulf fragen, wäre es gut gewesen, die kontextuell angelegten Lernwege stärker mit Arbeitsformen zu verschränken, die den Schülerinnen und Schülern Gelegenheit zur Selbsterkundung gegeben hätten – beispielsweise im Blick auf die Frage, inwieweit die oft konfliktbestimmten medialen Bilder und Inszenierungen ihre eigene Wahrnehmung der anderen Religion vor Ort formen und vielleicht verzerren. Unter globalisierten Bedingungen, so zeigt sich hier, gewinnt die religionsdidaktisch vielgeforderte Differenzkompetenz unverkennbar eine selbstreflexive Note.

Und zweitens ergibt sich aus der neuen Übersichtlichkeit des Fremden die Notwendigkeit, solche Prozesse der Selbstbildung erkennbar und deutlich im Selbstverständnis des christlichen Glaubens zu grundieren. Angesichts der unscharf gewordenen Grenzen zwischen Eigenem und Fremdem ist evangelische Bildung umso mehr auf die biblisch bezeugte Einsicht verwiesen, dass der Mensch seine Subjektivität in den geschilderten Spannungen nicht erst herstellen muss, sondern als verdankt voraussetzen darf.[15] Damit ist dem durchaus riskanten Balance-Akt zwischen Eigenem und Fremdem so etwas wie ein theologisches Fangnetz unterlegt: Man kann dabei durchaus Mal das Gleichgewicht verlieren, aber sich selbst verliert man nicht.

Allerdings stehen diese Impulse in einer Hinsicht auf eher schwankenden Füßen. Es fehlt ihnen entschieden an Evidenz. Um verlässliche Orientierungskraft zu entfalten, müssten sich die von mir postulierten raumweltlichen Überlagerungen und hybriden Identitätsformationen auch empirisch ausweisen lassen. Nur stellt sich dann natürlich die Frage: Wie soll das gehen?

5 Jugendzimmer als hybride Räume.
Eine empirische Forschungsperspektive

Der für diesen Beitrag leitende Zusammenhang von Religion, Identität und Globalisierung ist bislang kaum empirisch erforscht worden. Wer das moniert, sollte bedenken, dass die forschungsmethodischen Hürden in diesem Fall besonders hoch liegen. Denn die im vorigen Teil angesprochenen Identitätsformationen sind zu individuell und komplex, als dass sie sich auf quantitativem Wege erheben ließen. Ihre qualitative Erforschbarkeit wird wiederum dadurch erschwert, dass sie den Jugendlichen selbst oft nicht bewusst sind. Zudem lassen erste Studien in diese Richtung erkennen, dass die gängigen, sprachlich gebundenen Erhebungsverfahren nur bedingt dazu geeignet sind, die räumliche Dimension religiös-kultureller Verflechtungszusammenhänge einzufangen.

---

[15] Vgl. dazu Dressler, Bernhard: Unterscheidungen. Religion und Bildung. Leipzig 2006, S. 69-85.

Eine vielversprechende Forschungsoption ist neuerdings in der Schweiz ins Spiel gebracht worden. An der Universität Zürich wurde zwischen 2003 und 2006 eine für unsere Fragestellung sehr aufschlussreiche ethnographische Feldstudie durchgeführt.[16] Es ging in diesem Forschungsprojekt darum, die Rolle der Medien bei der Identitätsbildung von Jugendlichen mit Migrationshintergrund empirisch einzukreisen. Neben qualitativen Interviews wurden – und darauf kommt es hier an – auch visuelle Methoden eingesetzt. Ein besonderer Fokus richtete sich auf die Zimmer der Jugendlichen.

Der Grund, den das Zürcher Forschungsteam für diese Herangehensweise ins Feld führt, leuchtet unmittelbar ein. In kaum einem anderen Bereich ihres Lebens haben Jugendliche einen so großen Gestaltungsfreiraum wie in dem Raum, den sie ihr eigen nennen. Als „embodied spaces"[17] gewähren Jugendzimmer sinnenfällige Einblicke in die kulturellen und religiösen Präferenzen ihrer Bewohner und lassen sich darüber hinaus auf bestimmende Selbstzuschreibungen und Identitätskonzepte befragen. Und vor allem: In den alltagsästhetischen Arrangements solcher Lebensräume wird analytisch greifbar, in welcher Weise das Globale und Lokale in den individuellen Symbolwelten heutiger Jugendlicher zusammenfließen.

Nimmt man die fotographischen Aufnahmen des Zürcher Forschungsprojektes – sie wurden gemeinsam mit den Jugendlichen erstellt und ausgewertet – unter religionspädagogischem Gesichtspunkt in den Blick, kristallisieren sich drei Grundeinsichten heraus, die sich allesamt im bislang aufgespannten Theoriehorizont verorten lassen.

Deutlich wird erstens die Mehrbezüglichkeit jugendlicher Identität im Migrationskontext. Die Arrangements der abgebildeten Jugendzimmer bezeugen durchweg jene Kopräsenz des Globalen und Lokalen, die im Fokus dieses Beitrages steht. Dabei sind Einflüsse der Ursprungskultur weitaus weniger dominant, als dies gängige Vorurteile nahelegen. Überhaupt werden kulturelle Vorgaben nicht einfach übernommen, sondern eigengeprägt verarbeitet und mit Versatzstücken aus anderen Symbolbeständen kombiniert. Ein Beispiel: Der Pokal, den Yucël mit dem lokalen Fußballklub gewonnen hat, schmückt die gleiche Wand, an der auch ein Poster seines favorisierten türkischen Fußballvereins hängt.[18] Offenbar ist es für diesen Jugendlichen möglich, sich über ein Hobby gleichzeitig in zwei verschiedenen kulturellen Räumen zu verorten. Die vorhin skizzierte Hybridisierungsdynamik kommt hier voll zum Tragen.

Jedoch beschränkt sich diese Dynamik keineswegs auf das Spannungsfeld zwischen der Schweizerischen Mehrheitskultur und der originären Herkunftskultur. Vielmehr zeigt sich in den Bildern durchgängig die Präsenz einer globalen Jugend-

---

[16]   Bonfadelli, Heinz/Bucher, Priska/Hanetseder, Christa/Hermann, Thomas/Ideli, Mustafa/Moser, Heinz: Jugend, Medien und Migration. Empirische Ergebnisse und Perspektiven. Wiesbaden 2008.

[17]   Moser, Heinz/Hanetseder, Christa/Hermann, Thomas: Embodied spaces. Medien im alltagsästhetischen Arrangement. In: Mikos, Lothar/Hoffmann, Dagmar/Winter, Rainer (Hg.): Mediennutzung, Identität und Identifikationen. Die Sozialisationsrelevanz der Medien im Selbstfindungsprozess von Jugendlichen. Weinheim/München 2007, S. 247-261.

[18]   Bonfadelli et al. 2008, S. 240.

kultur, die beide erstgenannten übergreift – und zwischen ihnen einen Zusammenhang schafft.[19] Das meiste, was in den Fotos zu sehen ist, könnte auch in jedem anderen Schweizer Jugendzimmer zu finden sein: eine Posterwand mit den Olsen Twins, für die Seda zum Erhebungszeitpunkt schwärmte,[20] ein Plakat von Hongkong als der Stadt, in der Sevinc einmal als Sängerin arbeiten will.[21] Vor diesem Hintergrund gewinnt Manfred Pirners Plädoyer, die Brückenfunktion der populären Medienkultur stärker für Prozesse interreligiöser Bildung fruchtbar zu machen, zusätzlich an Plausibilität.[22]

Dass man solche Hybridgebilde jedoch nicht als spannungslos denken darf, zeigt das Zimmer von Ulas, einem 12-jährigen Jungen mit kurdisch-türkischem Hintergrund.[23] Über seinem Arbeitstisch hängt ein Poster des exilierten kurdischen Sängers Şivan Perwer, während in dem CD-Gestell am Rand internationale Pop-Musik aufgestapelt ist und sein Bücherregal von den deutschsprachigen Ausgaben der Harry-Potter-Bände dominiert wird.[24] Die Gleichzeitigkeit des Verschiedenen lässt erahnen, dass dieser Junge in seinem Alltag erhebliche Synthetisierungsleistungen erbringen muss.

Aber welche Stellung nimmt Religion in solchen Raumwelten ein? Auch wenn insbesondere die Mädchenzimmer zahlreiche religiöse Bezüge aufweisen – wie etwa ein Plakat der alevitischen Gemeinde an Caglas Kleiderschrank[25] –, liefert die Zürcher Studie aufgrund ihres medienpädagogischen Schwerpunktes keine wirklich belastbaren Indizien zur Beantwortung dieser Frage. Nach dem bislang Ausgeführten dürfte klar geworden sein, dass Religionspädagogik und Erziehungswissenschaft auf solche Indizien dringend angewiesen sind, besonders, aber keineswegs ausschließlich im Kontext interreligiöser Bildung. Im Interesse eines pädagogisch und – das ist besonders zu unterstreichen – auch theologisch gegenwartsfähigen Religionsunterrichts, müssen sie die räumliche Dimension von Religion und Identität im Leben heutiger Jugendlicher unbedingt besser sehen und verstehen lernen.

---

[19] Moser, Heinz: Lebensperspektiven im Kontext des ‚Globalen, Lokalen und Originären'. In: Riegel, Christine/Geisen, Thomas (Hg.): Jugend, Zugehörigkeit und Migration. Subjektpositionierung im Kontext von Jugendkultur, Ethnizitäts- und Geschlechterkonstruktionen. Wiesbaden 2007, 183-203, hier: S. 196.

[20] Bonfadelli et al. 2008, S. 231.

[21] Moser 2007, S. 197.

[22] Pirner, Manfred L.: Populäre Medienkultur – *lingua franca* für interreligiöse Bildung? In: Lähnemann, Johannes (Hg.): Visionen wahr machen. Interreligiöse Bildung auf dem Prüfstand. Referate und Ergebnisse des Nürnberger Forums 2006. Hamburg 2007, S. 150-156.

[23] Bonfadelli et al. 2008, S. 234.

[24] A. a. O., S. 259.

[25] A. a. O., S. 258.

6 Verständigung über Beirut als Türöffner in Berlin.
Ein Ausblick mit glücklichem Ende

Am Ende kehre ich an jenen Berliner Schauplatz zurück, von dem meine Argumentation ihren Ausgang nahm. Denn die Frage stellt sich natürlich: Konnten die kommunikativen Blockaden gelöst werden? Tatsächlich kamen die Projektverantwortlichen zu einer Lösung, die vor dem von mir entworfenen Theoriehintergrund als nachgerade raffiniert bezeichnet werden muss.[26] Um die brisante Präsenz des Nahostkonflikts didaktisch aufzugreifen und explizit zu machen, veranstalteten sie einen Workshop zu diesem Thema.

Die Finesse dieser Intervention lag darin, dass der Workshop von einem palästinensischen und einem israelitischen Trainer durchgeführt wurde. Dadurch gelang eine gleich doppelte Kontextualisierung der interreligiösen Gesprächssituation: Kontextualisiert wurde erstens der Nahostkonflikt selbst, der nun stärker auf die politisch zerfahrene Situation seiner Ursprungsregion rückbezogen wurde. Und zweitens erlebten die Schülerinnen und Schüler hautnah die dialogischen Potentiale der Konstellation vor Ort, die von der in Beirut zwar nicht zu trennen, aber eben doch deutlich zu unterscheiden ist.

Besonders die Zusammensetzung des Leitungsteams fungierte hier als wichtiges Signal: Der Konflikt in Beirut schließt interreligiöse Kommunikation in Berlin nicht aus, ja, so die zentrale Botschaft, er fordert geradezu zu solcher Verständigung heraus.

Der weitere Projektverlauf belegt, dass dieser Klärungsimpuls nicht wirkungslos geblieben ist. Die verhinderte Begegnung mit den jüdischen Jugendlichen kam doch zustande und führte zu einem Gespräch, das von den Beteiligten offenbar als erhellend und positiv empfunden wurde. Ein fast schon gescheiterter Prozess interreligiöser Bildung fand damit zu einem letztlich glücklichen Ende. Dieser Erfolg lässt sich nicht auf die von mir eingeführte didaktische Perspektive zurückführen, wohl aber mit ihrer Hilfe besser verstehen: als eine ebenso sensible wie konsequente Antwort auf die veränderte Kontextualität interreligiöser Bildung.

---

[26] Vgl. Sajak/Muth 2005, S. 31 f.

MICHAEL MAY

Globalisierung als Herausforderung für die politische Bildung

1 Einleitung

Ich möchte mich im Folgenden dem Thema nähern, indem ich mit dem handlungstheoretischen (Kap. 2) und dem systemtheoretischen (Kap. 3) zwei idealtypische Ansätze zur politischen Bildung in Zeiten der Globalisierung vorstelle und deren Potentiale und Desiderate ausweise (Kap. 4). Von den Desideraten ausgehend möchte ich fragen, inwiefern die Politikdidaktik im Angesicht der relativ neuartigen ‚Bildungsherausforderung Globalisierung‘ einer grundlegenden Neuausrichtung bedarf. Meine These ist, dass sich die Politikdidaktik traditionellerweise mit genau den Herausforderungen an den Bildungsprozess beschäftigt, die nun im Kontext der Globalisierung in ein breiteres Bewusstsein gerückt sind. Ich vertrete die Position, dass es aus der Sicht der Politikdidaktik weniger um Reform als vielmehr um ein Weiterarbeiten an alten und bislang nur mehr oder weniger bewältigten Problemen der politischen Bildung geht (Kap. 5). Am Ende steht eine sehr knappe Anmerkung zum empirischen Forschungsbedarf (Kap. 6).

Die Klassifizierung von Ansätzen globalen Lernens ist ein schwieriges Unterfangen. Es ist zum einen schwierig, weil sich trotz der zögerlichen Rezeption des Themas im deutschen Sprachraum insbesondere im angelsächsischen Bereich eine kaum zu überblickende Fülle an Literatur finden lässt. Es ist zum anderen schwierig, weil sich die Konzeptionen globalen Lernens häufig einer deutlichen Klassifizierung entziehen. Insofern sind auch die hier vorgestellten Klassifizierungen als Idealtypen zu verstehen, die für mich im Sinne Max Webers heuristische Funktionen für die Einschätzung von didaktischen Theorien und vor allem Theorieelementen übernehmen.[1] Ich bediene mich hier einer Typisierung von Barbara Asbrand und Annette Scheunpflug.[2] Die Autorinnen unterscheiden zwischen einem handlungstheoretischen und einem systemtheoretischen Ansatz globalen Lernens.

2 Handlungstheoretische Perspektive

2.1 Zur Konzeption von Globalisierung

Der handlungstheoretische Ansatz konzipiert Globalisierung ausgehend von den Ursachen des Phänomens. Aufgrund insbesondere der technischen Entwicklungen im

---

[1] Vgl. Weber, Max: Die „Objektivität" sozialwissenschaftlicher und sozialpolitischer Erkenntnis. In: Gesammelte Aufsätze zur Wissenschaftslehre. Hg. von Johannes Winckelmann. Tübingen 1973, S. 146-214, hier S. 180 ff.

[2] Vgl. Asbrand, Barbara/Scheunpflug, Annette: Globales Lernen. In: Sander, Wolfgang (Hg.): Handbuch politische Bildung. Schwalbach/Ts. 2005, S. 469-489.

Transport-, Kommunikations- und Militärwesen komme es zu einer Entwicklung, die Ulrich Beck wie folgt beschreibt:

> „Durchgängig wird eine zentrale Prämisse der Ersten Moderne umgestoßen, nämlich die Vorstellung, in geschlossenen und gegeneinander abgrenzbaren Räumen von Nationalstaaten und ihnen entsprechenden Nationalgesellschaften zu leben und zu handeln. Globalisierung meint das erfahrbare Grenzenloswerden alltäglichen Handelns in den verschiedenen Dimensionen der Wirtschaft, der Information, der Ökologie, der Technik, der transkulturellen Konflikte und Zivilgesellschaft [...]"[3]. Globalisierung meint, wie Beck in einer weiteren eingängigen Formulierung schreibt, das „Töten der Entfernung"[4].

In dem Zitat von Beck sind bereits die gesellschaftlichen Bereiche angesprochen, die im besonderen Maße und in je spezifischer Weise in Globalisierungsprozesse eingebunden sind: Wirtschaft, Umwelt, Kultur und Politik. Der zentrale Punkt des handlungstheoretischen Ansatzes besteht nun darin, dass in diesen Bereichen globale Problemlagen emergieren, die es zu bewältigen gilt. Für den im engeren Sinne politisch-institutionellen Bereich (Policy) –den ich exemplarisch fokussieren werde – sind hiermit u. a. folgende Problemlagen angesprochen: *zunächst* das Auseinanderfallen von politischen Gestaltungsräumen und politischen Verantwortungsräumen: Das Policy-Making im nationalstaatlichen Bereich hat es mit Regelungsaufgaben zu tun, auf die durch das Gewaltmonopol des Nationalstaates überhaupt kein Zugriff mehr besteht. Hingewiesen wird in diesem Zusammenhang insbesondere auf eine weltweit agierende Finanz- und Realwirtschaft, die nationalstaatlich etablierte soziale und ökologische Standards umgeht und Druck auf die Sozialsysteme ausübt. Zugleich werden (unerwünschte) Effekte nationalstaatlichen Entscheidens auf eine Weise externalisiert, dass andere internationale Akteure mit den Auswirkungen umgehen müssen.[5] Angemahnt wird vom handlungstheoretischen Ansatz entsprechend eine Politik, „die den globalisierten Märkten nachwächst"[6]. Bernd Overwien leitet daraus die zentrale Aufgabe von Politik in Zeiten der Globalisierung ab. So gehe es um eine „kritische Diskussion der zunehmenden Ökonomisierung aller gesellschaftlichen Bereiche und Fragen weltweiter Gerechtigkeit"[7]. Es gelte des Weiteren, „Gestaltungsmöglichkeiten von Globalisierung zu identifizieren und somit die angebli-

---

[3]   Beck, Ulrich: Was ist Globalisierung? Irrtümer des Globalismus – Antworten auf Globalisierung. Frankfurt a. M. 1998, S. 44.

[4]   A. a. O., S. 45.

[5]   Vgl. Brock, Ditmar: Globalisierung. Wirtschaft, Politik, Kultur, Gesellschaft. Wiesbaden 2008, S. 86 ff.; Massing, Peter: Probleme der Demokratie unter den Bedingungen der Globalisierung und der Entgrenzung des Nationalstaates. In: Overwien, Bernd/Rathenow, Hanns-Fred (Hg.): Globalisierung fordert politische Bildung. Politisches Lernen im globalen Kontext. Unter Mitarb. von Ghassan El-Bathich/Nils Gramman/Katja Kalex. Opladen/Farmington Hills, MI 2009, S. 25-36.

[6]   Habermas, Jürgen: Die postnationale Konstellation und die Zukunft der Demokratie. In: Ders. (Hg.): Die postnationale Konstellation. Politische Essays. Frankfurt a. M. 1998, S. 91-169, hier: S. 128.

[7]   Riß, Karsten/Overwien, Bernd: Globalisierung und politische Bildung. In: Lösch, Bettina/Thimmel, Andreas (Hg.): Kritische politische Bildung. Ein Handbuch. Schwalbach/Ts. 2010, S. 205-215, hier: S. 210.

che Unausweichlichkeit von politischen Entscheidungen zugunsten des Marktes und zu Ungunsten des Staates zu widerlegen"[8].

Eine *zweite Problemlage* ist mit dem Aspekt einer Unterminierung demokratischer Entscheidungsfindung verbunden. Einerseits verlieren die repräsentativen und demokratisch fundierten Prozesse der Entscheidungsfindung an Glaubwürdigkeit. Nationalstaatliche Politik verfügt aus dieser Perspektive zwar noch über eine ausreichende Input-Legitimation, also eine Legitimation in Bezug auf die Art und Weise des Zustandekommens von verbindlichen Entscheidungen, allerdings nur noch über eine höchst prekäre Output-Legitimation. Nationalstaatliche Politik leidet darunter, dass Verantwortlichkeit für erlittene Effekte oder angemahnte Problemlösungen nicht mehr ohne Weiteres unterstellt werden kann. Diese Probleme ziehen tendenziell auch den Ruf der Demokratie als Regierungsform in Mitleidenschaft. Andererseits leiden Entwicklungen in Richtung internationaler Organisationen oder Global Governance, die gerade eine nachholende Politisierung in der postnationalen Konstellation leisten wollen, unter einem Demokratiedefizit. Dieses ist sowohl institutionell als auch gesellschaftlich bedingt: Es fehlen nicht nur demokratische Strukturen der Institutionen auf internationaler Ebene, sondern auch eine globale Weltöffentlichkeit. Vor diesem Hintergrund mahnt beispielsweise Jürgen Habermas an, dass globalisierte Politik nicht „hinter die Legitimationsbedingungen demokratischer Selbstbestimmung zurückfallen"[9] darf.[10]

Eine *dritte Problemlage* entsteht durch die Wirkungen der Globalisierung auf die gesellschaftlichen Strukturen und die Art der Interessenvermittlung. Interessenartikulation vollzieht sich im Zuge einer Bewusstwerdung globaler Problemlagen sowie der Legitimitätsprobleme tradierter Formen des Regierens nicht mehr ausschließlich über herkömmliche politische Großorganisationen. Parteien und Verbände kämpfen mit Mitgliederschwund, ohne dass das politische Interesse schwindet. Alternative Bewegungen, die globale Themen fokussieren (Attac, Occupy), sowie projektartiges, zeitlich begrenztes Engagement nehmen zu.[11] Damit verlieren aber die traditionellen Transmissionsmechanismen des politischen Systems an Bedeutung. In diesem Zusammenhang werden neue Beteiligungsformen gefordert, die die legitimierende Transmission der Interessen in politische Entscheidungen wieder gewährleisten sollen.[12] All dies korrespondiert mit einem die Globalisierung teils bedingenden, teils beschleunigenden Prozess der Pluralisierung von Lebensformen, der Individualisierung sowie der Flexibilisierung von Biografien.[13]

---

[8] Ebd.

[9] Habermas 1998, S. 128.

[10] Zusammenfassend zum Effektivität-Legitimität-Dilemma: Massing 2009, S. 32 ff.

[11] Vgl. Schneekloth, Ulrich: Jugend und Politik. Aktuelle Entwicklungstrends und Perspektiven. In: Shell Deutschland Holding (Hg.): Jugend 2010. Eine pragmatische Generation behauptet sich. Frankfurt a. M., S. 129-164, hier S. 142 ff.

[12] Vgl. Kleinert, Hubert: Krise der repräsentativen Demokratie? In: APUZ 38-39 (2012), S. 18-24; Woyke, Wichard: Parteien, politisches System und Globalisierung. In: Robert, Rüdiger (Hg.): Bundesrepublik Deutschland – Politisches System und Globalisierung. Eine Einführung. Münster 2001, S. 237-258.

[13] Vgl. Sennett, Richard: Der flexible Mensch. Die Kultur des neuen Kapitalismus. Berlin 1998.

Im handlungstheoretischen Theorieansatz werden somit – hinsichtlich des Politisch-Institutionellen – Problemlagen betont, durch die die politische Integration des tradierten Nationalstaates ebenso bedroht ist wie auch die politische Integration der Weltgesellschaft verhindert wird. Bedingt und flankiert werden diese im engeren Sinne politischen Problemlagen durch eine global agierende Real- und Finanzwirtschaft, durch soziale Ungerechtigkeiten, Umweltzerstörung sowie kulturelle Homogenisierung. Mit der Fokussierung auf Problemlagen realisiert der Ansatz eine typische, von gesellschaftlichen Defizitdiagnosen ausgehende Argumentationsweise pädagogischer Theorien.[14] Das zentrale Motiv des Ansatzes sind Phänomene, die mit Globalisierung verbunden sind und vor einem normativen Hintergrund als Bedrohung empfunden werden.[15] Die herzustellende Integration der Weltgesellschaft erfolgt in diesem Ansatz maßgeblich über bewusstes, zielgerichtetes, problemlösendes und werteorientiertes Handeln.

2.2 Didaktische Konsequenzen – „Gestaltungskompetenz"

Die Fokussierung auf die Problemlagen und deren Bewältigung scheint sich auch in der Inhalts- und Themenwahl widerzuspiegeln; im Mittelpunkt steht häufig die Beschäftigung der Schülerinnen und Schüler mit den Problemlagen und Gefahrendiagnosen der globalisierten Welt. Globale Lernprozesse werden hier über die Präsentation und die Bearbeitung von Schlüsselproblemen der globalisierten Welt gesteuert, etwa: „Globales Lernen: Hunger durch Wohlstand? Die Folgen von Biosprit, Fleischkonsum und Klimawandel für die Welternährung"[16]. David Selby und Hanns-Fred Rathenow fordern: Die Schüler „werden über ihre gesamte Schullaufbahn hin altersentsprechend mit Themen konfrontiert, die unter anderem den Bereichen internationaler Entwicklung, kultureller Vielfalt, ökologischen Ausgleichs, des Friedens und der sozialen Gerechtigkeit entstammen, immer bezogen auf die Forderung nach Zukunftsfähigkeit"[17].

Im Mittelpunkt *der Zielkonzeption handlungstheoretischer Ansätze* stehen häufig Kompetenzkataloge, die deutlich normativ auf die Bewältigung der identifizierten Problemlagen ausgerichtet sind. So geht es beispielsweise Gerhard de Haan in seinem Ansatz einer politischen Bildung für Nachhaltigkeit um „Gestaltungskompetenz"[18]. Im Einzelnen:

---

[14] Vgl. Oelkers, Jürgen: Einführung in die Theorie der Erziehung. Weinheim/Basel 2001, S. 14-34.

[15] Vgl. die Rolle von Bedrohungen bei: Hilligen, Wolfgang: Zur Didaktik des politischen Unterrichts. 4. Aufl. Opladen 1985, S. 32-34.

[16] Globales Lernen. Hamburger Unterrichtsmodelle zum KMK-Orientierungsrahmen Globale Entwicklung 2 (2010) (Heft: „Globales Lernen: Hunger durch Wohlstand? Die Folgen von Biosprit, Fleischkonsum und Klimawandel für die Welternährung". Unterrichtsprojekt ab Klasse 9/10).

[17] Selby, David/Rathenow, Hanns-Fred: Globales Lernen. Praxishandbuch für die Sekundarstufe I und II. Berlin 2003, S. 18.

[18] de Haan, Gerhard: Politische Bildung für Nachhaltigkeit. In: APuZ 7-8 (2004), S. 39-46, hier: S. 41.

- die Kompetenz, vorausschauend zu denken, mit Unsicherheit sowie mit Zukunftsprognosen, -erwartungen und -entwürfen umgehen zu können,
- die Kompetenz, interdisziplinär zu arbeiten,
- die Kompetenz zu weltoffener Wahrnehmung, transkultureller Verständigung und Kooperation,
- Partizipationskompetenz,
- Planungs- und Umsetzungskompetenz,
- die Fähigkeit zur Empathie, zu Mitleid und zur Solidarität,
- die Kompetenz, sich und andere motivieren zu können,
- die Kompetenz zur distanzierten Reflexion über individuelle wie kulturelle Leitbilder.[19]

Beim handlungstheoretischen Ansatz geht es in der Zielperspektive also zentral um die Formierung des „eingriffsfähigen und eingreifenden Bürger[s]"[20]. Normative Orientierungen wie Nachhaltigkeit oder Gerechtigkeit sollen Niederschlag finden in einschlägigen Kompetenzformulierungen.[21] In diesem Sinne schreibt beispielsweise Christoph Butterwegge: „Heute gehört es zu den Hauptaufgaben der politischen Bildung, Solidarität neu zu begründen, die neoliberale Standortlogik zu widerlegen und den Blick auf sozialpolitische Alternativen zu lenken, die den inneren Frieden und die Demokratie garantieren können."[22]

Eine weitere Spielart des handlungstheoretischen Ansatzes ist David Selbys ganzheitlich-holistische Theorie globalen Lernens. Auch Selby argumentiert aus einer konsequent normativen Position, die er selbst als „transformative global education"[23] bezeichnet; auch Selby geht es um die zentralen Problemlagen der globalisierten Welt und die Ermöglichung deren Bewältigung durch Bildung.

Ähnlich wie bei de Haan sind global orientierte Lernprozesse auch für Selby nicht nur durch den Gegenstandsbezug, sondern durch eine spezifische Denk- und Arbeitsweise gekennzeichnet, die spezifische „normativ gehaltvolle" (J. Habermas) Kompetenzen evozieren.[24] Die von Selby vorgeschlagenen Kompetenzen und Kenntnisse sind entsprechend:

---

[19] Vgl. A. a. O., S. 41ff.

[20] Overwien, Bernd/Rathenow, Hanns-Fred: Globalisierung als Gegenstand der politischen Bildung – eine Einleitung. In: Dies. (Hg.): Globalisierung fordert politische Bildung. Politisches Lernen im globalen Kontext. Unter Mitarb. von Ghassan El-Bathich/Nils Gramman/Katja Kalex. Opladen/Farmington Hills, MI 2009, S. 9-21, hier: S. 15.

[21] Vgl. Moegling, Klaus/Overwien, Bernd: Globalisierung als Inhaltsfeld des Politikunterrichts. In: Moegling, Klaus/Overwien, Bernd/Sachs, Wolfgang (Hg.): Globales Lernen im Politikunterricht. Immenhausen b. Kassel 2010, S. 11-28, hier: S. 19.

[22] Butterwegge, Christoph: Globalisierung als Herausforderung und Gegenstand der politischen Bildung. In: Steffens, Gerd/Weiß, Edgar (Hg.): Jahrbuch für Pädagogik 2004. Globalisierung und Bildung. Frankfurt a. M. u. a. 2004, S. 331-343, hier: S. 337.

[23] Selby, David: Global Education as Transformative Education. In: Zeitschrift für internationale Bildungsforschung und Entwicklungspädagogik 23 (2000), H. 3. S. 2-10, hier: S. 2.

[24] Vgl. auch: Seitz, Klaus: Bildung in der Weltgesellschaft. Gesellschaftstheoretische Grundlagen globalen Lernens. Frankfurt a. M. 2002, S. 398 ff.

- die Kenntnis von Verflechtung und Interdependenz sowie die Fähigkeit systemischen Denkens – auch in Bezug auf das eigene Eingebunden-Sein in die Weltgesellschaft,
- die Kenntnis anderer Lebenslagen und die Fähigkeit zur Perspektivenübernahme,
- die Kenntnis globaler Problemlagen und möglicher Entwicklungsszenarien und Problemlösefähigkeit,
- die Kenntnis eigener Deutungsmuster in Bezug auf die Weltgesellschaft und Reflexionsfähigkeit.[25]

Wie Klaus Seitz betont, ist ein „bemerkenswertes Element"[26] der Theorie Selbys die Verknüpfung globalen Lernens mit einer handlungsorientierten Methodik, die an die pragmatistische Lerntheorie von John Dewey anschließt. Im Zentrum der methodischen Überlegungen Selbys stehen Aufgabenstellungen, die zwar einen nahräumlichen Bezug aufweisen oder – ggf. auch durch spielerisch-fiktive Szenarien – an die Erfahrungs- und Gedankenwelt der Lernenden anknüpfen (Erfahrung eigener Diskriminierung, eigenes Konsumverhalten, eigene Positionen zu Tierversuchen, zu Gentechnik etc.), aber gleichzeitig auf eine globale Problemlage aufmerksam machen (insofern trifft der Vorwurf der sachorientierten Abbilddidaktik auf Selby nicht zu).[27] Hierbei geht es darum, dass sich die Lernenden – um die Aneignung von bloß trägem Wortwissen zu vermeiden – mit echten Problemlagen auseinandersetzen, die sie auch als solche erleben – oder, um es mit Dewey zu sagen, die sie erleiden.

3 Systemtheoretische Perspektive

3.1 Zur Konzeption von Globalisierung

Der systemtheoretische Ansatz konzipiert Globalisierung nicht ausgehend von globalen Problemlagen, sondern – im Anschluss an Niklas Luhmann – als eine Ausweitung systemischer Kommunikation über den Erdball hinweg.[28] Das Prozessieren der globalen wirtschaftlichen, politischen, kulturellen und ökologischen Kommunikation weist nach dem systemtheoretischen Ansatz von Annette Scheunpflug folgende Merkmale auf:

- Die Kommunikation ist wissensbasiert: Im Zuge der wissenschaftlichen und technischen Entwicklung steht im Zeitalter der Globalisierung ein historisch nicht gekanntes Ausmaß von Wissen zur Verfügung. Man kann sich heute nahezu keinen Bereich des privaten und öffentlichen Lebens vorstellen, auf den bislang noch keine wissenschaftliche Perspektivierung

---

[25] Vgl. Selby/Rathenow 2003, S. 25-27.
[26] Seitz 2002, S. 404.
[27] Vgl. die Praxisbeispiele bei: Selby/Rathenow 2003.
[28] Vgl. Luhmann, Niklas: Die Gesellschaft der Gesellschaft. Frankfurt a. M. 1998, S. 145-170.

erfolgte. Die Wissensexplosion geht allerdings mit einer Vergrößerung des individuell oder kollektiv gegebenen Nicht-Wissens in bestimmten Handlungssituationen einher.

- Die Kommunikation ist beschleunigt: Die kommunikativen Anschlüsse erfolgen hochfrequentiell. Kommunikation in globalisierten sozialen Systemen bedeutet, dass wenig Zeit zum Nachdenken und Abwägen bleibt, dass durch den Zeitdruck beim Individuum Unsicherheiten verstärkt werden.
- Die Kommunikation ist entgrenzt: Damit ist gemeint, dass räumliche Gebundenheit die Anschlussfähigkeit von Kommunikationen an globale Kommunikationssysteme nicht mehr verhindert. Zum einen sind systemrelevante Kommunikationen durch die modernen Kommunikationsmittel über große Distanzen möglich, zum anderen sind Distanzen auch analog schnell zu überwinden. Es ist eine wenig übertriebene Feststellung zu behaupten, dass für das globale System der Raum keine Bedeutung mehr hat.
- Die Kommunikation ist transkulturell: Kommunikation in der globalisierten Gesellschaft erfolgt auf der Ebene systemischer Anschlüsse gleichsam oberhalb der kulturellen Identitäten. Gleichzeitig erfahren die Individuen das Fremde im heimatlichen Nahraum und das Vertraute in weit entfernten Gegenden. Fremdheit und Vertrautheit sind nicht mehr geographisch gebunden.[29]

In der Konsequenz dieser Beschreibung der Weltgesellschaft fragt der systemtheoretische Ansatz, welche funktionalen Kompetenzen zur Teilnahme an der so beschriebenen Welt notwendig sind. Aus dieser Perspektive interessieren weniger die Problemlagen und Ungerechtigkeiten der Welt und deren Bewältigung als vielmehr dispositionale Voraussetzungen für ein Agieren in der Weltgesellschaft. Es geht auch in diesem Ansatz um eine diffuse Verbesserung der Weltgesellschaft – Treml schreibt, sie solle „irgendwie"[30] gestaltet werden. Insgesamt ist hier aber eine große normative Zurückhaltung zu verzeichnen. *Die Integration der Weltgesellschaft erfolgt in diesem Ansatz über Arbeitsteilung und das Prozessieren systemspezifischer, anschlussfähiger Kommunikationen.*

---

[29] Vgl. Scheunpflug, Annette: Lehren angesichts der Entwicklung zur Weltgesellschaft. In: Sander, Wolfgang/Scheunpflug, Annette (Hg.): Politische Bildung in der Weltgesellschaft. Herausforderungen, Positionen, Kontroversen. Bonn 2011, S. 204-215, hier: S. 207 f.; Treml, Alfred: Globalisierung als pädagogische Herausforderung. Möglichkeiten und Grenzen einer weltbürgerlichen Erziehung. In: Sander, Wolfgang/Scheunpflug, Annette (Hg.): Politische Bildung in der Weltgesellschaft. Herausforderungen, Positionen, Kontroversen. Bonn 2011, S. 190-203, hier: S. 199 f.

[30] Treml 2011, S. 198.

3.2 Didaktische Konsequenzen – „Einfädeln" in die Weltgesellschaft

Systemtheoretisch inspirierte Ansätze sind skeptisch gegenüber der Vorstellung, man könne Jugendliche zur Beschäftigung mit *Themen und Inhalten* anregen, die für sie weit entfernt und wenig relevant erscheinen:

> „Die bloße Präsentation von Sachverhalten und Zusammenhängen, von ungerechten Welthandelsstrukturen und oder dem Reichtum der indischen Kultur wird mit dem Bildungsprozess selbst verwechselt. Die EntwicklungspädagogInnen sind viel zu sehr mit der Sache, mit den bedrängenden Fragen der Welt beschäftigt, betrachten Pädagogik daher als Instrument, als Politik mit anderen Mitteln. […] Entwicklungsbezogenem Lernen geht es um die Entfaltung einer Persönlichkeit, individueller, vielleicht auch kollektiver Kompetenzen, die Menschen befähigen, in einer komplexer gewordenen Welt ein erfülltes und zugleich verantwortliches Leben zu führen. Viele Unterrichtsmaterialien und Kampagnen, Flugblätter und Fernsehdokumentationen sind jedoch ganz offensichtlich nicht an den Menschen orientiert, um die es ihnen geht. Sie versprechen Bildung und bieten Belehrung."[31]

Aus der Perspektive des systemtheoretischen Ansatzes kommt globale Bildung sogar *ohne globale Themen* aus. Treml verweist auf den ‚heimlichen Lehrplan', der mit der Etablierung des modernen nationalstaatlichen Pflichtschulsystems einherging; in der Schule werde gelernt: der Umgang mit Fremden, die Suspendierung des Moments für eine ferne Zukunft, der Umgang mit Scheitern, die Gleichzeitigkeit individuellen Strebens und kollektiven Zusammenhalts und einiges mehr. „Möglicherweise ereignet sich so etwas wie eine weltbürgerliche Erziehung überwiegend in diesem Bereich des latenten, heimlichen Lehrplans und alle einschlägigen Versuche einer intentionalen weltbürgerlichen Bildung sind nur schmückendes Beiwerk für etwas, was von selbst geschieht."[32]

Hinsichtlich der *Zieldimension* didaktischen Denkens erscheint im systemtheoretischen Ansatz eine Fokussierung auf Problembewältigung oder „Gestaltungskompetenz" nicht nötig. Gesucht werden funktionale Kompetenzen, die auf den Kommunikationsmodus globaler Systeme abgestimmt sind:

- Sensibilität für Wissen und Nicht-Wissen, Wissensorientierung, Umgang mit Nicht-Wissen (als Reaktion auf die Gleichzeitigkeit der Explosion von virtuellem Wissen und kollektivem/individuellem Nichtwissen),
- Strukturierungs- und Methodenkompetenz zum Umgang mit knapper Zeit, Entscheidungen über Wichtiges und Unwichtiges treffen,
- Denken und Arbeiten in virtuellen Räumen und Netzwerken, Mobilität als Reaktion auf Entgrenzung,

---

[31] Seitz, Klaus: Bildung für ein globales Zeitalter? Mythen und Probleme weltbürgerlicher Erziehung. In: Scheunpflug, Annette/Hirsch, Klaus (Hg.): Globalisierung als Herausforderung für die Pädagogik. Frankfurt a. M. 2000, S. 85-114, hier: S. 108 f. – Seitz lässt sich nicht klar einem der Ansätze zuordnen.

[32] Treml 2002, S. 202.

- interkulturelle Sozialkompetenz als Reaktion auf transkulturelle Kommunikation, Sprachkompetenz, Umgang mit kultureller Differenz.[33]

Die geringe Bedeutung globalisierungsspezifischer Inhalte und die Orientierung auf formal-funktionale Kompetenzen als Ziele des Bildungsprozesses rücken nun auch keine Methoden in den Mittelpunkt, deren Dynamik sich aus der Auseinandersetzung mit *spezifischen* Inhalten speist (im Sinne von Unterrichtsphasen – wie etwa bei der Problemstudie, der Zukunftswerkstatt oder der Szenariotechnik[34]). Vielmehr erscheinen die Methoden – wenn man nicht alles dem heimlichen Lehrplan überlassen will – hier als *Übungen zu Arbeitstechniken*, die die komplementäre Performanzebene der formalen Kompetenzen abbilden. „Notwendig ist das Einüben abstrakten Denkens und einer abstrakten Sozialität."[35] So geht es etwa darum, durch Sozialbegegnung interkulturelle Kompetenz zu entwickeln, sich durch das Arbeiten in Netzwerken in die Netzwerkstruktur der Weltgesellschaft „einzufädeln"[36], um Zeitmanagement oder darum, mediale Kommunikations- und Ausdrucksformen zu nutzen.

4 Probleme und Desiderate

Die didaktische Aufgabe ist es, eine fruchtbare Begegnung und gegenseitige Erschließung von Gegenstand und Schüler zu ermöglichen. Diese Aufgabe ist uns Didaktikern aufgegeben, weil wir von einer strukturellen Differenz von Sachlogik und Lernlogik ausgehen müssen. Aus meiner Sicht weisen vor diesem Hintergrund der handlungstheoretische und der systemtheoretische Ansatz Desiderate und Vereinfachungspotentiale in zwei Bereichen auf.

4.1 Fehlende theoretische Befassung mit Lernaufgaben und Methoden

Der erste *Problembereich* betrifft die von Klaus Seitz immer wieder angemahnte Notwendigkeit, globale Probleme in *Lernaufgaben* und daran anschließende *unterrichtsmethodische Arrangements* zu übersetzen.[37]

Handlungsorientierte Ansätze, die die Präsentation und Bearbeitung von Weltproblemen oder Wolfgang Klafkis Schlüsselproblemen umstandslos in den Klassen-

---

[33] Vgl. Scheunpflug 2011, S. 209 f.

[34] Vgl. Reinhardt, Sibylle: Politik-Didaktik. Praxishandbuch für die Sekundarstufe I und II. 4. überarb. und erw. Aufl. Berlin 2012, S. 93 ff. und S. 133 ff.

[35] Scheunpflug 2011, S. 212.

[36] A. a. O., S. 211.

[37] Vgl. Seitz 2002, S. 386 ff.; Seitz, Klaus: Globales Lernen in weltbürgerlicher Absicht. Zur Erneuerung weltbürgerlicher Bildung in der postnationalen Konstellation. In: Overwien, Bernd/Rathenow, Hanns-Fred (Hg.): Globalisierung fordert politische Bildung. Politisches Lernen im globalen Kontext. Unter Mitarb. von Ghassan El-Bathich/Nils Gramman/Katja Kalex. Opladen/Farmington Hills, MI 2009, S. 37-48, hier: S. 45.

raum holen, laufen Gefahr, die Lernlogik der Schülerinnen und Schüler zu vernachlässigen. Dies rückt – wie Seitz schreibt – die „Auseinandersetzung mit der Persönlichkeit der Lernenden, die Frage nach Lernvoraussetzungen und Lernblockaden, biographischer Herkunft und persönlicher Zukunft, in den Hintergrund"[38]. Einschränkend lässt sich zu diesem Gefahrenpotential jedoch sagen, dass die Thematisierung von globalen Problemlagen nicht pauschal als untauglich deklariert werden sollte. Dies wird auch durch die Forschung von Barbara Asbrand bestätigt: Es gibt einen Zugang zum Thema, der sehr stark durch die Orientierung auf Wissen und Wissensdefizite sowie auf einen versuchsweisen Perspektivenwechsel gerichtet ist. Barbara Asbrand erkennt hier den Habitus des Strebens nach Wissen und einen „intellektuellen Aktionismus"[39]. Was sich bei diesen Jugendlichen jedoch als öffnend und Lernprozesse initiierend ausnimmt, führt bei anderen Bildungsmilieus zu Kommunikationsabbrüchen oder Lernblockaden.

Der handlungsorientierte Ansatz nach Selby stellt hingegen lokal verortbare Bezüge in den Mittelpunkt. Die Bearbeitung „glokaler" Probleme rückt die Schülerzugänge, die Problemwahrnehmung, die Nahbereichsorientierung des Menschen in den Mittelpunkt. Auch wenn man sich hier weitere gelungene Lernaufgaben vorstellen kann – wie sie auch von Selby und Rathenow vorgeschlagen werden[40] – so läuft dieser Zugang Gefahr, abstrakte globale Problemlagen oder fernes und zukünftiges Leid zu vernachlässigen. Die Orientierung am kindlichen Moment scheint ein schlechter Ratgeber für Bildung in entgrenzten zeitlichen und geographischen Räumen zu sein. Seitz sieht die Gefahr einer „provinziellen Weltsicht"[41].

Aus *systemtheoretischer Perspektive* müssen Lernaufgaben und Methoden, die systemadäquate Kompetenzen anbahnen können – wie oben gesehen, nicht an die Weltprobleme geknüpft werden. Dies erscheint jedoch aus *politikdidaktischer* Sicht höchst unbefriedigend, da insbesondere politisch-demokratische Bildung normativ konstituiert ist. Eine didaktische Theorie sollte diese Intentionalität nicht nur als schmückendes Beiwerk betrachten, sondern ihr als empirischem Fakt einen Platz im Theoriegebäude zuweisen. Darüber hinaus bleibt beim systemtheoretischen Ansatz unklar, wie wir mit Schülerinnen und Schülern im Unterricht über den Gegenstand Globalisierung sprechen können. Dies ignoriert nicht nur das Interesse der Jugend an der Globalisierung – wie es in den Shell-Jugendstudien regelmäßig belegt wird[42] – sondern auch die curriculare Realität.

Eine *Theorie der Methodik globalen Lernens*, die die jeweiligen Potentiale und Schwächen der Zugänge aufarbeitet, ist nach meinem Kenntnisstand nicht in Sicht.

---

[38] Seitz 2000, S. 108.

[39] Asbrand, Barbara: Wissen und Handeln in der Weltgesellschaft. Eine qualitativ-rekonstruktive Studie zum Globalen Lernen in der Schule und der außerschulischen Jugendarbeit. Münster u. a. 2009, S. 102.

[40] Vgl. Selby/Rathenow 2003.

[41] Seitz 2002, S. 406.

[42] Vgl. Schneekloth, Ulrich/Albert, Mathias: Entwicklungen bei den großen Themen: Generationengerechtigkeit, Globalisierung, Klimawandel. In: Shell Deutschland Holding (Hg.): Jugend 2010. Eine pragmatische Generation behauptet sich. Frankfurt a. M., S. 165-185.

Die an der Projektidee Kilpatricks orientierten und von John Dewey inspirierten Überlegungen David Selbys sind wohl der theoretisch am gründlichsten fundierte Vorschlag für die konkrete Unterrichtsarbeit.[43] Bezüglich der Methodenfrage halten sich die meisten didaktischen Theorien sehr bedeckt. Der „Blick auf die – selten geäußerten – Methoden einer ‚weltbürgerlichen Erziehung' ernüchtert. Neben der bloßen Informationsvermittlung (die keine gute Presse hat) werden ‚Vorbilder' bemüht, ‚Rollenübernahme' vorgeschlagen, für ‚Netzwerke knüpfen' plädiert, und das alles natürlich ‚aktions- und handlungsorientiert', ‚phantasievoll und kreativ', ‚ganzheitlich, interdisziplinär und interkulturell'"[44].

4.2 Fehlende Befassung mit den strukturellen Handlungsproblemen global orientierter Lehr-Lernprozesse

Als Desiderat der vorgestellten Ansätze identifiziere ich, dass sie globales Lernen häufig als eine geradlinige, umstandslose Kompetenzentwicklung konzipieren – insbesondere bei handlungstheoretisch inspirierten Ansätzen.[45] Nur gelegentlich findet man Hinweise auf antinomische Verwicklungen, die den Lehr-Lern-Prozess erschweren und auch bei der Konzeption von Lernaufgaben und Unterrichtsmethoden beachtet werden müssen.[46] Welche strukturellen Bedingungen sind also besonders bedeutsam für eine global orientierte politische Bildung?

Nach Werner Helsper sind didaktische Vorhaben in strukturelle pädagogische Antinomien verstrickt. Ich greife im Folgenden zwei Antinomien Helspers heraus,[47] die sich im politischen und zudem global orientierten Unterricht noch einmal besonders als Brückenproblem und als Urteilsproblem konturieren.

a) *Das Brückenproblem*: Die erste Antinomie verortet pädagogisches Handeln zwischen der Entfaltung der kindlichen Natur einerseits und der Disziplinierung andererseits: Einerseits geht es in Planung und Unterricht darum, den momentanen motivationalen, emotionalen und kognitiven Neigungen der Schüler entgegenzukommen; eine Ausblendung dieser Dimension würde ein lernförderliches Klima konterkarieren oder zu Blockaden führen. Dominiert jedoch diese Seite, läuft der Lehrer Gefahr, die pädagogischen Ziele seines Handelns, die meist auf die Zukunft der Schüler und der Gesellschaft ausgerichtet sind, aus den Augen zu verlieren. Professionelles Lehrerhandeln ist insofern zu verorten zwischen einem Nachgeben zugunsten des Aufgehens im kindlichen Moment und einer disziplinierenden Orientierung auf Bildungsziele, die erst in der Zukunft der Schüler Relevanz erlangen.

---

[43] In diesem Sinne auch Seitz 2002, S. 404 ff.; vgl. Selby/Rathenow 2003.

[44] Treml 2011, S. 208.

[45] Vgl. etwa: Moegling/Overwien 2010, S. 11-28.

[46] Vgl. z. B. Seitz 2002, S. 378-386.

[47] Vgl. Helsper, Werner: Antinomien des Lehrerhandelns in modernisierten pädagogischen Kulturen. Paradoxe Verwendungsweisen von Autonomie und Selbstverantwortlichkeit. In: Combe, Arno/Helsper, Werner (Hg.): Pädagogische Professionalität. Untersuchungen zum Typus pädagogischen Handelns. Frankfurt a. M. 1996, S. 521-570.

Das sogenannte Brückenproblem stellt eine fachdidaktische Ausformung der Natur-Disziplin-Antinomie dar und bezeichnet die Verortung politischer Bildungsprozesse zwischen Lebenswelt und System: Die Analysen zur Distanz zwischen Jugend und Politik sind Legion. Als gesichert kann gelten, dass Jugendliche nicht politikverdrossen, sondern eher politiker- und institutionenverdrossen sind. Die Distanz bezieht sich v. a. auf Institutionen, die die Foren des politischen Konflikts darstellen, wie etwa das Parlament.[48] Die Ursachen der Distanz sind vermutlich in den verschiedenen Integrationsmechanismen von nahräumlichen Welten und dem politischen System zu sehen. Jürgen Habermas modifizierend ist die lebensweltliche Sozialintegration gekennzeichnet durch Informalität, Überschaubarkeit, Vertrauen, Anerkennung, Liebe, Normen, Solidarität, die (politische) Systemintegration hingegen durch anonyme Kommunikationsmedien (Geld, Macht), Komplexität, Intransparenz und Handlungsunsicherheit.[49] Sozialkundelehrer stehen vor dem Problem, entweder den für Schüler zugänglichen sowie motivational, kognitiv und emotional verfügbaren (mikropolitischen) Nahraum zum Gegenstand des Unterrichts zu machen und darüber das Verständnis des politischen Makrosystems dem Zufall zu überlassen. Dann geht es um Projekte, Streitschlichtung, soziales Lernen, Benimmunterricht, Sammelaktionen, Rollenkonflikte in der Familie usf. Oder aber sie richten den Unterricht auf die Behandlung des abgekoppelten politischen Makrosystems aus und erzeugen im besten Falle nur unverstandene Begriffshülsen.[50] Diese Begriffshülsen entstehen, weil die nahräumlich geprägten Präkonzepte kein umstandsloses Verständnis des Politischen ermöglichen. Eine immer wiederkehrende Erfahrung meines eigenen Politikunterrichts ist etwa der Wunsch der Schüler nach dem Ende des Konflikts, der richtigen Lösung des gesellschaftlichen Problems, dem richtigen politischen Urteil bzw. der richtigen politischen Entscheidung.

Politische Pädagogik und Didaktik beschäftigt sich in der Bundesrepublik und der Litt-Oetinger-Kontroverse der 50er Jahre mit dem Stellenwert lebensweltlich orientierten politischen Lernens. Das Brückenproblem wird durch die Globalisierung und globales Lernen jedoch nicht hervorgerufen, sondern gesteigert. Schon die politischen Prozesse im nationalstaatlichen Container sind trotz gemeinsamer Sprache, Kultur und Geschichte durch ein hohes Maß an Ferne und Anonymität gekennzeichnet. Die Perspektive eines fremden Obdachlosen in der eigenen Stadt einzunehmen, stellt kognitiv ähnliche Herausforderungen, wie sich in die Lebenssituation einer Familie in einem brasilianischen Armenviertel hineinzudenken. Die gesellschaftlichen Konflikte des Nationalstaates erscheinen genauso transpersonell und

---

48 Vgl. Krappidel, Adrienne/Böhm-Kasper, Oliver: Weder rechts noch politisch interessiert? Politische und rechte Einstellungen von Jugendlichen in Sachsen-Anhalt und Nordrhein-Westfalen. In: Helsper, Werner/Krüger, Heinz-Hermann/Fritzsche, Sylke/Sandring, Sabine/Wiezorek, Christine/Böhm-Kasper, Oliver/Pfaff, Nicolle (Hg.): Unpolitische Jugend? Eine Studie zum Verhältnis von Schule, Anerkennung und Politik. Wiesbaden 2006, S. 33-52.

49 Vgl. Habermas, Jürgen: Theorie des kommunikativen Handelns. Bd. 2: Zur Kritik der funktionalistischen Vernunft. Frankfurt a. M. 1995, S. 171 ff.

50 Vgl. Petrik, Andreas: Von den Schwierigkeiten, ein politischer Mensch zu werden. Konzept und Praxis einer genetischen Politikdidaktik. Opladen 2007, S.55 ff.

weit entfernt wie die Konflikte um die Emissionsrechte zwischen Industrie- und Schwellenländern. Und die politischen Institutionen des Nationalstaates sind kaum leichter zu verstehen und zu akzeptieren als die existierenden und zu entwickelnden Institutionen der Weltgesellschaft.

Schwer zu überblickende Interdependenz und Systemintegration sowie funktionale Differenzierung sind weder völlig neuartig noch an das Aufkommen der Weltgesellschaft geknüpft. In Politikwissenschaft und politischer Pädagogik ist die Einsicht, dass gesellschaftliche Integrationsmechanismen hinter dem Rücken des Individuums wirken und sich dem schnellen Verständnis entziehen, eine geradezu klassische Diagnose[51] – wie etwa in folgendem Dewey-Zitat von 1927 deutlich wird:

> „Indirekte, weitreichende, andauernde und schwerwiegende Folgen vereinten und interaktiven Verhaltens bringen eine Öffentlichkeit hervor, die ein gemeinsames Interesse an der Kontrolle dieser Folgen besitzt. Das Maschinenzeitalter hat jedoch das Ausmaß der Folgen so gewaltig erweitert, vervielfacht, gesteigert und verkompliziert, es hat – mehr auf einer unpersönlichen denn auf einer gemeinschaftlichen Basis – solche ungeheuren kompakten Handlungseinheiten geformt, dass die resultierende Öffentlichkeit sich nicht identifizieren und erkennen kann.“[52]

Die Überwindung des nationalstaatlichen Denkens, das in pädagogischen Ansätzen des globalen Lernens oft angemahnt wird, stellt die Didaktik der politischen Bildung nicht vor völlig neuartige Herausforderungen.

b) *Das Urteilsproblem*: Eine weitere, den Politikunterricht in besonderem Maße konturierende Antinomie ist die von Pluralität und Einheit: Einerseits sehen sich Lehrer in Planung und Unterricht mit einer großen Heterogenität ihrer Klienten konfrontiert, die die zunehmende Individualisierung der Lebensentwürfe und die Pluralisierung der Gesellschaft spiegelt.[53] Geteilte gesellschaftliche Werte auf der Grundlage einer universalistischen Ethik können immer weniger als Voraussetzung der schulischen und unterrichtlichen Arbeit der Lehrer begriffen werden. Anderseits ist Schule funktional auf gesellschaftliche Kohäsion angelegt. Auf der Grundlage von Heterogenität und bei Gefahr des Scheiterns von Lernprozessen kann aber eine verbindliche und verbindende Orientierung auf gemeinsame Werte nur noch sehr eingeschränkt geleistet werden.

Im Politikunterricht formt sich diese Antinomie besonders klar als Antinomie von Universalismus und Relativismus zum Urteilsproblem aus. Politische Urteilsfähigkeit ist eine Art Megakompetenz des politischen Unterrichts. Die Aufgabe ist jedoch mit erheblichen Problemen behaftet, da die Güte eines politischen Urteils mit Aspekten der Klugheit und des situationsangemessenen Umgangs mit Unsicherheit

---

[51] Vgl. van den Daele, Wolfgang: ‚Unbeabsichtigte Folgen‘ sozialen Handelns. Anmerkungen zur Karriere des Themas. In: Matthes, Joachim (Hg.): Lebenswelt und soziale Probleme. Verhandlungen d. 20. Dt. Soziologentages zu Bremen. Frankfurt a. M./New York. 1981, S. 237-245.

[52] Dewey, John: Die Öffentlichkeit und ihre Probleme (1927). Aus dem Amerikanischen von Wolf-Dietrich Junghanns. Hg. und mit einem Nachw. vers. von Hans-Peter Krüger. Berlin/Wien 2001, S. 112.

[53] Vgl. Sennett 1998.

im politischen Bereich gefasst wird.[54] Politikwissenschaft hilft hier nicht weiter, da (konkurrierende) wissenschaftliche Theorien die Güte eines Urteils nur theorieimmanent und abgekoppelt von der konkreten Urteils- und Entscheidungssituation bestimmen können. Kurzum: Es kann keine „Gesetze des richtigen politischen Urteilens geben"[55]. Dies geht mit einer heterogenen Schülerschaft einher, die – wenn keine Gleichgültigkeit herrscht – auf der Dignität der jeweils eigenen Urteilsbildung beharrt. All dies kollidiert zumindest teilweise mit der Verpflichtung der Sozialkundelehrer auf die Grundwerte und Grundprinzipien der Verfassung, die sowohl institutionell durch den Eid auf die jeweilige Landesverfassung verankert ist als auch politikwissenschaftlich, pädagogisch und politikdidaktisch legitimiert werden kann. Die Orientierung auf die Grundwerte und Grundprinzipien der Verfassung wird beispielsweise in Frage gestellt, wenn Schüler offensichtlich menschenverachtende oder antidemokratische Äußerungen einbringen. So tritt bei einer Gruppendiskussion zum Daschner-Dilemma, die wir mit einer 10. Realschulklasse geführt haben, eine Schülerin mit der Äußerung hervor: „Ich würde den solange quälen, bis er es sagt".

Sozialkundelehrer können somit einerseits die – auch antidemokratischen – Urteile der Schüler zulassen und mit einer „Das-kann-man-so-oder-so-sehen"-Haltung agieren. Damit vernachlässigen sie aber die institutionell verlangte und politikdidaktisch legitime Orientierung auf demokratische Werte und Prinzipien. Die Lehrer können andererseits auf demokratischen Mindeststandards der Urteilsbildung beharren. Damit laufen sie Gefahr, die Pluralität der Urteilsbildung mit moralischen Appellen zu überformen, ohne dadurch eine fruchtbare Irritation und Entwicklung bei den Schülern anstoßen zu können. Im ungünstigsten Fall wird sogar ein Abblocken und eine Verweigerungshaltung erzeugt: „Je größer die Moralisierung, desto geringer die Kommunikationschancen"[56].

Auch das Urteilsproblem im Politikunterricht wurde nicht durch die Pluralität der Weltgesellschaft hervorgerufen, sondern durch Prozesse, die moderne westliche Nationalgesellschaften im Zuge von Wertewandel, Pluralisierung der Lebensformen und Individualisierung durchlaufen haben. So wenig wie es in den Nationalgesellschaften eine Homogenität der Lebenslagen, Wertesysteme, Lebensstile und Interessen gibt, so wenig gilt dies für die Weltgesellschaft – die allerdings bereits Probleme mit der Definition eines nicht-kontroversen Sektors im Sinne Fraenkels hat. Also auch hier haben wir kein neues, sondern die Verschärfung eines alten Problems des Politikunterrichts. Für den Politikunterricht ist die Frage „Was hält die moderne Gesellschaft zusammen?"[57] genauso herausfordernd wie die Frage „Was hält die moderne Weltgesellschaft zusammen?".

---

[54] Vgl. Detjen, Joachim: Politikkompetenz Urteilsfähigkeit. Schwalbach/Ts. 2013, S. 25.

[55] von Bredow, Wilfried Noetzel, Thomas: Politische Urteilskraft. Wiesbaden 2009, S. 15.

[56] Heitmeyer, Wilhelm: Überlegungen zu Pädagogik und Fremdenfeindlichkeit. Je höher die Moralisierung, desto geringer die Kommunikationschancen. In: Schubarth, Wilfried/Melzer, Wolfgang (Hg.): Schule, Gewalt und Rechtsextremismus. Opladen 1995, S. 190-195, hier: S. 192.

[57] Teufel, Erwin (Hg.): Was hält die moderne Gesellschaft zusammen? Frankfurt a. M. 1996.

Um nicht falsch verstanden zu werden: Die Globalisierung stellt an die Weltgemeinschaft und die darin agierenden Menschen völlig neuartige Aufgaben, nicht aber – so meine These – an die Spezifik der kognitiven Dispositionen, die zur Bewältigung dieser Aufgaben notwendig sind. Es wäre auch eine Art Abbilddidaktik, wenn man den Wandel der Welt vorschnell mit einem Wandel der pädagogischen Aufgabe identifizieren würde. Auch Wolfgang Sander meint: „Es verschärft sich ein altes Problem politischer Bildung, das in Eigenheiten ihres Gegenstandes selbst begründet ist."[58]

Im Anschluss an diese These und den folgenden Exkurs möchte ich zeigen, wie die Politikdidaktik traditioneller Weise auf das Brückenproblem und das Emanzipationsproblem reagiert, nämlich mit politikdidaktischen Prinzipien.

4.3 Exkurs: Global orientierte politische Bildung und der Beutelsbacher Konsens

Der Beutelsbacher Konsens bildet so etwas wie die zentralen Prozessstandards politischer Bildung ab. Er besagt, (1) dass sich politische und gesellschaftliche Kontroversen auch im Unterricht wiederspiegeln müssen und dort nicht überdeckt werden dürfen (Kontroversgebot), (2) dass die Lernender autonom in der politischen Urteilsfindung sind und der Unterricht keine bestimmte politische Position oktroyieren darf (Überwältigungsverbot) und (3) dass die (herauszufindenden) Interessen der Schüler als Mitglieder der vorgefundenen Gesellschaft im Mittelpunkt des Unterrichts stehen sollen (Schülerzentrierung).[59]

Der Beutelsbacher Konsens ist ursprünglich aus einer Kontroverse entstanden, in der *politische Positionen und politikdidaktisches Denken* sehr eng miteinander verquickt waren („links" und „liberal-konservativ" orientierte didaktische Ansätze). Im Kontext der heftig diskutierten Curriculumrevisionen der 70er Jahre, bei denen die – jeweils beim politischen Konkurrenten wahrgenommene – Gefahr einer ideologischen Beeinflussung durch die schulische politische Bildung heraufbeschworen wurde, bildeten die Beutelsbacher Grundsätze einen Minimalkonsens.[60] Die – häufig anzutreffende – klare Parteilichkeit des handlungsorientierten Ansatzes globaler Bildung lässt die Frage aufkommen, inwiefern hier die Grundsätze des Beutelsbacher Ansatzes noch Beachtung finden. Auch ist zu fragen, inwiefern angesichts weltweiter Machtungleichgewichte und Gefährdungspotentiale die Grundsätze des Beutelsbacher Konsenses überhaupt noch zeitgemäß sind. Ist es nicht notwendig, dass sich politische Bildung hier klar auf die Seite der Globalisierungsverlierer stellt?

---

[58] Sander, Wolfgang: Globalisierung der politischen Bildung – Herausforderungen für politisches Lernen in der Weltgesellschaft. In: Sander, Wolfgang/Scheunpflug, Annette (Hg.): Politische Bildung in der Weltgesellschaft. Herausforderungen, Positionen, Kontroversen. Bonn 2011, S. 217-231, hier: S. 226.

[59] Vgl. Wehling, Hans-Georg: Konsens à la Beutelsbach. In: Schiele, Siegfried/Schneider, Herbert (Hg.): Das Konsensproblem in der politischen Bildung. Stuttgart 1977, S. 173-184, hier: S. 179 f.

[60] Vgl. Sander, Wolfgang: Politik in der Schule. Kleine Geschichte der politischen Bildung. Bonn 2003, S. 144-148.

Selbst wenn die Antwort auf diese Frage positiv ausfällt, ist zu beachten, dass der Beutelsbacher Konsens zwar ursprünglich politisch motiviert war, aber aus heutiger Sicht auch einige zentrale lernpsychologische Standards abbildet. So etwa, dass Lernprozesse ihren Ausgang von den mitgebrachten Interessen, Weltsichten, Konzepten und Kompetenzständen nehmen müssen („Schülerzentrierung") oder dass Lernen aus der krisenhaften Unzufriedenheit mit den alten Konzepten und Kompetenzständen erfolgt und nicht durch Belehrung gesteuert werden kann („Überwältigungsverbot"). Aus dieser Sicht scheint es dringend angeraten, auf zu viel politisches Pathos bei der Planung und Durchführung des Unterrichts zu verzichten.

Die Aufgabe für global orientierte Lehr-Lernprozesse wird indes nicht einfacher: Wie kann es gelingen, die Problem- und Gefährdungslagen der Weltgesellschaft ernst zu nehmen, ohne politisch voreingenommen zu sein, und darüber hinaus die Lernenden – jenseits von Belehrung, Ermahnung und fertigen Antworten – in Reflexionsprozesse zu globalen Fragen zu verwickeln?

5 Reaktion der Politikdidaktik –
Alte Bekannte: politikdidaktische Prinzipien

In der Politikdidaktik kennen wir beispielsweise die Prinzipien der Konfliktorientierung und der Problemorientierung, des Weiteren die Schülerorientierung, die Handlungsorientierung oder das Fallprinzip, zudem das Prinzip der politischen Urteilsbildung in sozialer Auseinandersetzung sowie das genetische Prinzip. Zur Erläuterung der Prinzipien ist ein Hinweis auf den Implikationszusammenhang nach Herwig Blankertz[61] hilfreich:

Bei einem gelingenden Unterricht stehen Anforderungssituationen, Ziele, Inhalte und Methoden in einem stimmigen Passungsverhältnis. Damit ist angesprochen, dass nicht jedes Ziel mit jedem Inhalt, nicht jede Anforderungssituation mit jeder Methode, nicht jedes Ziel mit jeder Anforderungssituation etc. realisiert oder bearbeitet werden kann. Ein stimmiges Passungsverhältnis ist beispielsweise gegeben, wenn das gesellschaftliche Problem der Armut *(fachspezifische Anforderungssituation)* bearbeitet wird mit einer Problemstudie *(Methode)*, dabei zugegriffen wird auf die Policy-Dimension des Politischen *(Inhalt)* und schließlich damit Sachurteils- und Problemlösekompetenz *(Ziel)* angestrebt wird. Wenn dieses Passungsverhältnis gegeben ist, sprechen wir von einem problemorientierten Unterricht. Die Passungsverhältnisse können nun wiederum verschiedene, typische Formen annehmen. Diese Typen bringen wir in der Politikdidaktik dann mit den politikdidaktischen Prinzipien auf den Begriff.[62]

Die Kompetenz des planenden Politiklehrers besteht darin, in einem chaotischen Prozess – einmal ausgehend von vorgegebenen Inhalten oder gefundenen Materialien, ein anderes Mal von einer neu entdeckten Methode etc. – passende Auswahl-

---

[61]   Vgl. Blankertz, Herwig: Theorien und Modelle der Didaktik. München 1973, S. 94 ff.
[62]   Vgl. Reinhardt 2012.

entscheidungen zu treffen und so ein stimmiges Passungsverhältnis von Themen/Anforderungssituationen, Zielen, Inhalten und Methoden herzustellen. In den Prinzipien werden somit verschiedene Wissensformen integriert – mit den Zielen normatives Wissen, mit den Methoden Professionswissen, mit den Inhalten fachwissenschaftliches Wissen und mit den Anforderungssituationen Alltagswissen.[63]

Ich möchte am *genetischen Prinzip* und dem *Prinzip der moralisch-politischen Urteilsbildung in sozialer Auseinandersetzung* zeigen, inwiefern damit auf die Probleme reagiert werden kann:

- *Das genetische Prinzip ist eine Reaktion auf das Brückenproblem*: Grundannahme des genetischen politischen Lernens ist es, dass sich politische „Elementarphänomene"[64] sowohl in lebensweltlichen als auch systemischen Kontexten finden lassen. So können Lernende Phänomene wie Gerechtigkeit, Macht, Recht, politische Ordnung oder politische Verteilungsprinzipien bereits in den leichter zugänglichen und anschaulich-nahräumlichen Kontexten wie Familie oder Gemeinde erfahren. Die Idee besteht darin, Schüler mit solchen nahräumlich-personalisierten Fällen oder (fiktiven) Anforderungssituationen zu konfrontieren, zu deren Bearbeitung sie Konzepte der Elementarphänomene benötigen. So müssen etwa Schüler, die in einer fiktiven Dorfgründung von Andreas Petrik politische Entscheidungen suchen und diskutieren, politische Ordnungsvorstellungen generieren (Repräsentation, direkte Demokratie, Diktatur, Gewaltenteilung u. ä.) und Umverteilungsprinzipien entwickeln. Durch das simulierte Fehlen politischer Ordnung oder gesellschaftlicher Umverteilung und die eigenständige Suche danach werden entsprechende politische Basiskonzepte bei den Schülern angeregt und ausgebildet. Die Hoffnung ist, dass solche Konzepte dann Analogieschlüsse in Richtung des politischen Makrosystems und der Weltgesellschaft zulassen und Distanz überwinden helfen. Der spielerische Charakter, der einen didaktischen Sog entfaltet, ist Voraussetzung für die Diskussion der politischen Realität. Dies benötigt aber eine eigene Phase im Unterricht, in der es um Vergleiche mit der politischen Realität und mit theoretischen Ansätzen geht.[65]

Eine Idealtypische Phasierung genetischen Lernens ist (in Anlehnung an Petrik[66]):

I.   Exposition einer phänomenhaltigen Situation (Neugier, Provokation, produktive Verwirrung)

II.   Trial und Error (alltagstheoretische Betrachtungen, Entdeckung wissenschaftlich erfasster Elementarphänomene, Lösungsansätze)

---

[63] A. a. O., S. 11-15.

[64] Spranger, Eduard: Gedanken zur Staatsbürgerlichen Erziehung. Bochum 1963, S. 9.

[65] Vgl. zum Konzept einer genetischen Politikdidaktik: Petrik 2007.

[66] Vgl. Petrik, Andreas: Interpretation und Kommentar [zu Eduard Spranger]. In: May, Michael/ Schattschneider, Jessica (Hg.): Klassiker der Politikdidaktik neu gelesen. Originale und Kommentare. Schwalbach/Ts. 2011, S. 23-38, hier: S. 33.

III. Konfrontation mit wissenschaftlichen Ansätzen zur „Lösung", Systematisierung der Ansätze

IV. Transfer (Vergleich Mikrokosmos – Makrokosmos, Modell – Realität)

V. Selbstreflexion

- *Moralisch-politisches Urteilen in sozialer Auseinandersetzung als Prinzip ist eine Reaktion auf das Urteilsproblem*: Die Politikdidaktik reagiert auf die Antinomie eines undemokratischen Relativismus einerseits und eines lernhinderlichen Universalismus[67] andererseits mit dem Prinzip der *Kontroversität* und der *Reflexion auf Argumente*. Dies gelingt beispielsweise durch die Dilemma-Methode in Kombination mit verschiedenen Kontroversverfahren. Hierbei werden meist personalisierte dilemmatische Entscheidungssituationen – wie beim Daschner-Dilemma – verhandelt; Urteile und Begründungen der Schüler prallen aufeinander, werden ausprobiert und reflektiert. Die motivationale Kraft der Dilemmata liegt darin, dass eine Positionierung der Schüler offensichtlich einen Wert deutlich verletzt, was gerechtfertigt werden muss. Der Unterricht provoziert so die Frage, weshalb ein Argument besser ist als das andere – und damit die Reflexion auf Argumente.[68] Die Hoffnung ist, dass die Kraft des besseren Arguments zur Geltung kommt. Eine Erfolgsbedingung ist allerdings eine durch Anerkennung und stützende Zuwendung geprägte Lernatmosphäre, in der Schüler mit oder trotz ihrer jeweiligen personalen (politischen) Identität angenommen werden. Die Diskussion um das bessere Argument muss auf der Basis gegenseitiger Anerkennung, nicht der gegenseitigen Belehrung erfolgen, denn „Menschen, die sich belehrt und überredet fühlen, lernen nicht"[69].

Solche dilemmatischen Situationen lassen sich auch problemlos im Bereich der Weltgesellschaft oder der internationalen Gemeinschaft finden. So sind wiederholt dilemmatische Entscheidungssituationen bei Menschenrechtsverletzungen innerhalb von Nationalstaaten aufgetreten. Intervention war – wie im Kosovo oder wie in Syrien – nur durch Verletzung der UN-Charta möglich (Stichworte: Umgehung des Weltsicherheitsrates, Nichteinmischungsgebot).[70] Dies führte zu einer Weiterentwicklung des Völkerrechts und zur faktischen Etablierung der sogenannten Schutzverantwortung, der *responsibility to protect*, auf die sich die Vereinten Nationen etwa bei der Libyen-Intervention beriefen.

---

[67] Vgl. auch: Sander 2011, S. 427 f.

[68] Vgl. May, Michael: Dilemma-Methode. In: Reinhardt, Sibylle/Richter, Dagmar (Hg.): Politik-Methodik. Handbuch für die Sekundarstufe I und II. 2. Aufl. Berlin 2011, S. 49-53.

[69] Grammes, Tilman: Kontroversität. In: Sander, Wolfgang (Hg.): Handbuch politische Bildung. Bonn 2005, S. 126-145, hier: S. 133.

[70] Vgl. May, Michael: Intervention aus Humanität? Moralisch-politische Urteilsbildung am Beispiel des Kosovo. In: Gegenwartskunde 48 (1999), H. 1, S. 85-97; auch: Dietz, Andreas: Gibt es ein Recht auf Verschmutzung? Eine Unterrichtsreihe zum Dilemma Ökologie vs. Gerechtigkeit. In: GWP 53 (2004), H. 1, S. 95-104.

Eine idealtypische Gliederung der Dilemmamethode:[71]

I. Begegnung mit dem Dilemma, möglichst personalisiert
II. Erste Reaktionen
III. Strukturierung des Dilemmas, systematische Erarbeitung von Argumenten, ggf. Kontroversverfahren
IV. Reflexion auf Argumente, z. B. Argumente-Ranking
V. Wenn nötig: Politisierung (Fragen nach Mitteleinsatz, Durchsetzbarkeit, Effizienz)
VI. Urteilsbildung
VII. Selbstreflexion

6 Eine Anmerkung zum Schluss

Die Arbeiten von Barbara Asbrand zeigen, wie verschiedene Milieus das Thema Globalisierung in ihren jeweiligen konjunktiven Erfahrungsraum integrieren und ihre jeweilige ‚Weltanschauung' im Sinne Mannheims durch das Thema Globalisierung aktualisieren. Die Untersuchung gibt vertiefte Einblicke in Wege des Zugangs von Jugendlichen zur Weltgesellschaft.[72] Was weithin fehlt, ist empirische Forschung zu den Prozessen und Ergebnissen globalen Lernens. Inwiefern es etwa genetisches Lernen oder moralisch-politische Urteilsbildung vermögen, eine ‚globale Denkungsart' (frei nach Kant) zu initiieren oder gar „Kompetenzen aufzubauen", mit denen „interkulturelle Sensibilität und Toleranz und eine weltbürgerliche Verständigung gelingen kann"[73], bleibt unsicher.

---

[71] Vgl. May 2011, S. 49 f.
[72] Vgl. Asbrand 2009, S. 25.
[73] Moegling/Overwien 2010, S. 25.

AUTORINNEN

Blichmann, Annika, Dr., Wissenschaftliche Mitarbeiterin und Koordinatorin am Institut für Bildung und Kultur an der Friedrich-Schiller-Universität Jena.
Arbeitsschwerpunkte: Internationale Reformpädagogik, Schulpädagogik, Globales Lernen.

Koerrenz, Ralf, Dr. Dr., Professor für Historische Pädagogik und Erziehungsforschung am Institut für Bildung und Kultur (IBK) der Friedrich-Schiller-Universität Jena.
Arbeitsschwerpunkte: Reformpädagogik, Erziehungs- und Bildungstheorie, Hebräischer Humanismus, Strukturelle Religionspädagogik.

May, Michael, Dr., Professor für Didaktik der Politik an der Friedrich-Schiller-Universität Jena.
Arbeitsschwerpunkte: Politikdidaktische Theorie, Fachunterrichtsforschung, Kompetenzorientierung und situiertes Lernen.

Oesselmann, Dirk, Dr., Professor für Gemeindepädagogik an der Evangelischen Hochschule Freiburg.
Arbeitsschwerpunkte: Weltverantwortende Gemeindepädagogik, Globales Lernen/Bildung für Nachhaltige Entwicklung, Interreligiöse Pädagogik.

Overwien, Bernd, Dr., Professor für Didaktik der politischen Bildung an der Universität Kassel.
Arbeitsschwerpunkte: Globales Lernen, Bildung für nachhaltige Entwicklung, Kooperation von Schulen mit außerschulischen Lernorten.

Schäfer, Alfred, Dr., Professor für Systematische Erziehungswissenschaft an der Martin-Luther-Universität Halle-Wittenberg.
Arbeitsschwerpunkte: Bildungsphilosophie, Konstitutionsprobleme von Erziehungstheorien, Bildungsethnologie, kulturwissenschaftliche Bildungsforschung.

Simojoki, Henrik, Dr., Professor für Evangelische Theologie mit Schwerpunkt Religionspädagogik und Didaktik des Religionsunterrichts an der Universität Bamberg.
Arbeitsschwerpunkte: Religion und Globalisierung, Historische Religionspädagogik, International-vergleichende Religionspädagogik.